险峰上的天使

轮椅保险员赵亦静的壮美人生

李墨 著

黑龙江人民出版社

图书在版编目（CIP）数据

险峰上的天使：轮椅保险员赵亦静的壮美人生 / 李墨著 .—— 哈尔滨：黑龙江人民出版社，2019.1

ISBN 978-7-207-11724-3

Ⅰ．①险… Ⅱ．①李… Ⅲ．①赵亦静—生平事迹 Ⅳ．① K828.6

中国版本图书馆 CIP 数据核字 (2019) 第 025907 号

责任编辑：姜海霞
封面设计：白　伟

险峰上的天使——轮椅保险员赵亦静的壮美人生

李　墨　著

出版发行　黑龙江人民出版社
　　　　　地址　哈尔滨市南岗区宣庆小区 1 号楼（150008）
　　　　　网址　www.hljrmcbs.com
印　　刷　廊坊市海涛印刷有限公司
开　　本　787×1092　1/16
印　　张　14.25
字　　数　150 千字
版次印次　2019 年 1 月第 1 版　2019 年 1 月第 1 次印刷
书　　号　ISBN 978-7-207-11724-3
定　　价　50.00 元

赵亦静与中国保险精英圆桌大会
创会主席刘朝霞（左一）合影

2016年南京中国保险精英圆桌大会演讲

与杜海涛总监一起演讲

与保险伙伴合影

给保险伙伴做分享

出席全国保险精英代表大会

央视《向幸福出发》节目现场

央视《回声嘹亮》节目现场

《中国梦想秀》与姜育恒合唱《跟往事干杯》

与著名主持人李思思在《回声嘹亮》录制现场

与著名主持人朱丹在《中国梦想秀》

与著名主持人华少在《中国梦想秀》

舞蹈《长天让开一条路》主演

中国残疾人艺术汇演演唱主题歌《追梦同行》

随华夏山里红艺术团参加公益演出

与著名主持人杜海涛合影

与著名演员阎学晶合影

母女
情深

家里迎来保险志愿者　　本书作者李墨（左）与赵亦静夫妻合影

序一 在残缺中寻求完美

吴 哲

下雪啦，又下雪啦，一片片晶莹洁白的雪花，纷纷扬扬飞撒在泉城天际水野，飞撒在明湖波影的翠色之间……

她，犹如一片失去羽翼而倾斜的雪蕊，醉落在碧海之中……

一个在残缺中寻求完美的大众情人，男人喜欢她，女人也喜欢她，大众情人嘛，情在哪里？情在义中、情在勇中、情在泪中……

八年前的一个夜里，应好友吕毅、李群的邀请认识了她，面对失去比例的她，好友惊讶地关注着她——她从几个月的暴躁狂愤中静了下来，静得像一股清泉，杨柳般的双手拢了拢秀发，顿时满面春泪流腮……

漂亮是属于女人的，失去双腿之后，亲娘去世、慈父重病、丈夫失联、女儿两岁。我告诉她——活着是个人的，世界之大不缺谁，但需要你华亮的光彩，好好活吧，为两岁的女儿照亮奔跑的前程……

后来，她来到了我的兄弟姐妹艺术团，盲人唱起《我心中的红花绿草》欢迎她，聋哑人跳起原创舞蹈《千手观音》祝福她，单腿青年舞起手中的拐杖为她撑起未来的《向往》，无臂者舞动着头颅带领她去《拥抱太阳》……

在残缺中寻求完美！济南电视台一首《我相信》成就了她的第一步，山东电视台《春暖花开》成就了她的第二步……她唱着"活出样来给世界看"，摇着轮椅走向机关、学校、社区、农村，走向辉煌的大剧院，走向东方卫视、浙江卫视、江苏卫视、山东卫视和中央电视台，走向《我是大明星》《妈妈咪呀》《中国达人秀》《中国梦想秀》《回声嘹亮》和《向幸福出发》。主演的残疾人舞蹈《长天让开一条路》更是创造了无腿者舞蹈的先河，使无腿者的人生走向了世界舞台的中央。

明湖佛山为无腿生命歌手冠军——赵亦静喝彩，赵亦静在残缺中寻求到了完美！

（吴哲　济南市残疾人艺术团团长）

险峰上的天使

轮椅保险员赵亦静的壮美人生

序二 无限风光在险峰

刘朝霞

十分欣喜赵亦静的传记《险峰上的天使》出版了。作为一位特殊的保险营销员，她的事迹感动了很多人，激励了很多人，同时也启迪了很多人。

我是在 2016 年南京举办的第十三届中国保险精英圆桌大会上认识赵亦静的，她是那次大会邀请的演讲嘉宾。这个大会创办十几年来，几乎全中国最顶尖的保险精英，以及很多其他行业的杰出人士，都曾登场一展风采。即便如此，赵亦静的演讲仍然成为那届大会的一大亮点，让人久久铭记。不是因为她坐在轮椅上的特殊身份，而是她的遭遇、她的追求、她的精神深深地感染了现场近万名听众。后来，她又多次应邀去各地给保险同行演讲。

赵亦静曾经是事业上的赢家，却因为一场猝不及防的车祸，从此失去了双腿。又因为爱与责任，她忍受了让人难以想象的极度痛苦，坚强地挺立起来，从此开始轮椅上的人生。

而在她面临生命与经济双重威胁的黑暗时刻，是一份保单雪中送炭，点亮了她和家人的希望。颇为戏剧性的是，后来她成为中国第一位无腿的保险营销员。

从最初像很多人一样拒绝保险，到看人情买了保险，后来得到保险理赔，最后又卖保险，赵亦静用自己的特殊经历，真实而又生动地诠释了保险的真谛，也让她对保险有着比他人更深刻的理解。因此，当她成为一名保险人，便一直非常用心。不只是为了业绩，而是发自内心地希望通过自己的努力，让更多的人避免她的遭遇。

她凭借自己的爱心和追求，重新收获了事业的成功，有了体面的生活，也赢得了美好的爱情。她是不幸的，又是幸运的。

赵亦静是一位普通的保险营销员，但是她的坚强和执着追求，无疑是行业的榜样。相比她经历的那些巨大的痛楚，以及每天面对生活中的各种艰险，健全的人还有什么困难不能克服呢？

就像这本书的名字一样，赵亦静正是一位行走在险峰上的天使。她以自己的爱心、热情和执着，帮助更多在险峰上的人，化解风险，送去安康。这也应该是保险人的共同追求。

希望这本书，在让我们感动的同时，也能催我们奋进，给我们启迪。让我们珍惜生命，珍爱身边的人，及早防范人生的风险。我也由衷地祝福赵亦静，不断攀登人生的新高峰，领略无限壮美的风光！

（刘朝霞：中国保险精英圆桌大会创会主席，中国"保险皇后"）

序三 轮椅上的奔跑

陈 洲

我和赵亦静有着十分相似的人生。

我们年龄差不多，都是山东人，中间正好隔着一座泰山。我十三岁失去双腿，十八岁学唱歌，四处卖唱为生。赵亦静从小就因为热爱唱歌去打工，十八岁成功创业。但是三十一岁时的一场车祸，把我们归于同一个群体。

我们的结缘是在山东电视台的《我是大明星》节目。我是第三季的选手，在第四季的时候，有一期节目电视台邀请我去做嘉宾，赵亦静是那天的参赛者。

她的歌唱得很好，人很坚强，很乐观，热爱生活。在年龄上她比我大，但是我的"残龄"更长。她说之前因为听了我的故事，给了她力量。当时一位评委说，陈洲对亦静是榜样的力量，亦静对很多女性也是榜样的力量。她虽然残缺，但是很美。

赵亦静从来没有放弃对梦想的追求，也赢得了事业的成功。后来的一场灾难，将她的生活瞬间改变。她曾经几度绝望，几度轻生。对于这种痛苦，我感同身受。但是她最后还是坚强地站立起来——虽然她没有腿，但是站得很高。她变得很强大！她当时全部的力量，都是来自对女儿的爱。

在她的信念里，既然活着，就不要成为别人的负担，一定要自立自强。为此，她又克服了许多健全人难以想象的困难，开始了第二次生命。为了生活，她曾经在寒冷的街头卖粥，而为了理想，她一次次走上舞台，走进电视，用她美妙的歌声唱出了对生命的热爱，也给爱她、帮助她的人以信心和力量。

赵亦静不但站立了进来，而且开始了轮椅上的奔跑。她不但没有成为别人的负担，而且成为社会的正能量。她去唱歌，去演讲，去参加各种公益活动，用自己的故事去感染他人、激励他人，点燃很多人的梦想和希望。无数的人对她表示钦佩，无数的人为她感动。她取得了一个又一个突破，为济南市，为山东省，为残疾人赢得了很多荣誉和尊重。她的身体是残缺的，但是她的人生是圆满的。

前面的路当然不会是坦途，还会面对许多困难和挫折，但是我坚信她一定会越走越宽。这是生命对赵亦静爱的回馈。

最后，也希望广大读者通过阅读赵亦静的故事，能够进一步理解我们这个群体，珍惜你们的所有，珍爱身边的每一个人。让我们像她一样，更加热爱生活，勇敢地面对各种挑战，创造美好的人生！

（陈洲：著名励志演说家、残疾歌手，全球"双手登五岳第一人"）

险峰上的天使

轮椅保险员赵亦静的壮美人生

目 录

引子　追梦同行

　　2017 年 8 月 16 日晚，泉城济南最美的艺术殿堂——省会大剧院灯光璀璨，由中国残疾人联合会、教育部、民政部、文化部、国家新闻出版广电总局共同主办，山东省残疾人联合会、济南市人民政府承办的第九届全国残疾人艺术汇演（东部片区）闭幕式在此举行。

　　四年一届的全国残疾人艺术汇演，通过生动的艺术形象，鼓励和带动更多残疾人朋友树立自尊、自信、自强、自立的精神，营造理解、尊重、关心、帮助残疾人的良好社会氛围。本届汇演分东部与西部两个片区，东部赛区设在山东济南，西部赛区设在重庆。

　　本次东部片区的汇演以"追梦同行，爱在泉城"为主题，共有来自全国各地的 16 支（省市区）代表队 1 500 多人参加了汇演。

　　历年来，山东省的残疾人事业一直走在全国前列。作为此次活动的东道主，山东代表团经过半年的准备，共有7个节目130多人参与此次汇演。

在当地久负盛名的济南市残疾人联合会"我的兄弟姐妹"艺术团排演的舞蹈《长天让开一条路》，引起了强烈反响，感动了无数人。

舞台背景上电闪雷鸣，河流涨潮，继而冰雪消融，草木复苏。大屏幕前，一位失去双腿的年轻舞者，着一袭白衣在轮椅上双手舞动。继而，一群同样身着白裙的舞者，在台上翩翩起舞，展现生命的轮回与对美好生活的追求。此时，大屏幕上一群白色的大雁正飞过祖国的壮美山河。背景变幻成天安门的花海，演员们摆出了千手观音造型，正好与背景上巨大的华表融为一体。

这时，演员们变戏法似的举起一支支拐杖，就像雁群中张开的翅膀。此时的拐杖不再是辅助行走的工具，也不是表演的道具，它像柔软自如挥动的双臂，仿佛被赋予了一种神奇的生命力，舞动起来犹如潮涨潮落。最后，演员们将拐杖高高举起，就像整齐划一的雁阵，轮椅上的舞者被舞伴托举起来，数十条拐杖幻化成她的腿，定格在大屏幕上成群结队翱翔的雁群之中。

所有的观众都被这个画面深深震撼，场下响起来雷鸣般的掌声，有人在悄悄地抹着眼泪。人们早已忘记她们是一群残疾人——不，这是一群天使降临，而领舞者就是一位勇敢的女神！

这个舞蹈以残疾人特殊的肢体语言，展现了他们不向命运屈服、团结互助、勇敢面对生活的精神。那位轮椅上的天使，名叫赵亦静，是中国第一位高位截瘫的保险营销员。

当晚闭幕式上，赵亦静再一次成为焦点。闭幕式上，作为东道主的"我的兄弟姐妹"艺术团与 16 个省市代表队共同演唱了本次活动主题歌《追梦同行》。赵亦静担任领唱，这就有了后来许多人看到的一张经典照片——在全国残疾人艺术汇演闭幕式上，赵亦静坐在众多演员和领导中间的"C 位"。

这个欢乐的时刻，赵亦静思绪万千，百感交集。她从小就喜欢唱歌，想当歌星，并且为此早早走上社会，16 岁就成为济南小有名气的酒吧歌手，21 岁自己开饭店当老板，25 岁有了自己的汽车……但命运在一瞬间转了方向，一次无情的车祸夺去了她的双腿。身体上的极度痛苦和沉重的医疗费用，让她痛不欲生。

命运有时候会捉弄人，但是强者会把残酷的现实化为无穷的力量，创造出奇迹。

赵亦静从小就有明星梦，却在几十年后通过一个特殊舞台得以实现；她曾经因为退掉保单而致破产，今天她却成为中国第一名无腿保险营销员，给很多家庭送去保障。她在许多人的帮助下坚强地站了起来，并通过自己的事迹，激励着很多人做命运的强者。

谢幕的这一刻，她在盈盈的泪光中仿佛看到了观众席上亲爱的女儿和家人，是他们的亲情支撑自己坚强地活下来；她看到了李群和吕翊大哥，是他们帮助自己渡过了难关；她看到了一直站在后台的吴团长，是他让自己在精神上站起来；还有杜海涛，他把自己带入保险行业，拥有了一份新的事业；还有团队伙伴，同学朋友，许多叫不上名字的志愿者……

赵亦静思绪万千，这是自己的第二次生命。她要把每一个平凡的日子都过得充实，每一天都全力以赴。

现在她担任了济南市残疾人文联副主席、历城区残疾人联合会主席。她要用顽强奋斗的精神，激励和帮助更多残疾的兄弟姐妹自强不息，从精神上站立起来。她用自己的行动告诉他们：

虽然身体有残缺，但人生也能精彩圆满！

险峰上的天使

轮椅保险员赵亦静的壮美人生

第一章　梦想花季

《轻轻地告诉你》

让我轻轻地告诉你，
天上的星星在等待。
分享你的寂寞、你的欢乐，
还有什么不能说？

让我慢慢地靠近你，
伸出双手你还有我。
给你我的幻想、我的祝福，
生命阳光最温暖。

不要问我太阳有多高，
我会告诉你我有多真，
不要问我星星有几颗，
我会告诉你很多，很多。

一 泉城水，滋养动听的歌喉

在棍棒底下成长的孩子容易产生逆反心理，而从小在竞争环境中长大的孩子，容易形成不甘示弱、独立自主的性格。

济南，孔孟之乡，齐鲁大地的省会，史前龙山文化的重要发祥地，有三千年建城史的中国历史文化名城。

在水土比较干旱的北方，济南却处处流淌着清冽甘美的泉水，且形态各异，精彩纷呈，因而被称为"泉城"，素有"四面荷花三面柳，一城山色半城湖"之美誉。

济南拥有"七十二名泉"，盛水时节，在泉涌密集区，呈现出"家家泉水，户户垂杨""清泉石上流"的绮丽风光，形成了"山、泉、湖、河、城"的独特风貌。

一方水土养一方人。济南的清泉之间，流淌着辛弃疾的豪侠之气，李清照的婉约之吟。曹操、李白、杜甫、苏轼兄弟、曾巩、蒲松龄、季羡林等历代名流，都曾在此生活游历或求学为官，故有"济南名士多"之佳誉。而老舍先生《济南的冬天》，给了今人对济南别样的印象。

济南人心爱泉水，他们习惯在这座城市依水而居，取水畅饮。作为拥有四百多万市区人口的副省级城市，济南至今仍未通地铁，据说就是因为尚未解决地下泉的保护问题。

泉水是济南的灵魂，一眼眼清泉就像这座城市的瞳孔。泉水赋予了济南男人阳刚豪爽的气度，也滋润了济南女子清亮悦耳的歌喉。

赵亦静这个地道的济南女子，可谓两者兼而有之。

1979 年，赵亦静出生在济南一个普通的工人家庭。父母给她取名叫亦静，小名赵晓兰，大概是想让她做个安安静静、斯斯文文的小女生。然而，她偏偏生性好动，是个"不安分"的女孩。

亦静在家里是最小的，她有两个哥哥、两个姐姐。父亲和母亲都是普通工人，收入非常微薄。家里七口人，五个孩子要穿衣、吃饭、上学，负担十分沉重，困难可想而知。

哥哥姐姐是随母亲来到赵家的，只有亦静是现在的父母二人亲生的。这种复杂的家庭关系，让父母在生活中总是尽力做到公平公正。因为担心孩子们有想法，他们从来不偏袒这个小女儿，反而对她要求十分严厉。亦静每次犯了错，都要受到批评，严重的时候还要挨打。而哥哥姐姐犯了错，却很少挨打。亦静年龄小，并不清楚父母的想法，所以总是觉得很委屈，别人家都是让着女孩，惯着小的，为什么他们家恰恰相反？直到长大后她才明白、理解了父亲的苦心和不容易。

中国有句老话：棍棒底下出孝子。这话或许只说对了一半。因为棍棒底下长大的孩子，常常会产生逆反心理。另一方面，家庭中兄妹比较多，孩子们从小在竞争的环境中长大，也容易形成不甘示弱、独立自主的性格。

赵亦静正是在这样的环境中一路成长起来的。家里孩子多，经济条件不好，她很少得到娇宠，反而经常挨打受骂，所以形成了她独立、胆大、叛逆、好强的性格。

她成长在 80 年代，那时全社会都在宣传张海迪的事迹。这位五岁就残疾的姑娘，以自己顽强的毅力战胜病魔，自学成才，她学写作、学外语、学医，不但没有成为社会的负担，还积极帮助他人，被称为"八十年代的活雷锋""当代保尔"。在整个 80 年代，中国女排和张海迪，是最著名的英雄集体和励志典型，成为全国人民学习的楷模。

张海迪就是济南人。所以老师经常会自豪地用张海迪的精神来激励大家，教育同学们要像张海迪一样，树立远大理想，努力学习，战胜一切困难，做人生的强者。每当同学们遇到什么困难，就感觉张海迪在自己身边，仿佛给自己带来无穷的力量。

晓兰是个漂亮的女孩，高高的身材，白净的皮肤，大大的眼睛。

她热情、倔强、不服输，性格有点像男孩子。除了身体素质好以外，还有一副好嗓子，从小就喜欢唱歌。

那是一个思想解放、百花齐放的年代。她是唱着刚刚兴起的流行歌曲长大的。晓兰不仅有动听的歌喉，还有很好的乐感，学起歌来特别快，有的歌曲难度很高，她听几遍基本上就会唱了。

上了初中，学生们渐渐有了自己的理想。兰兰的梦想是当个明星，能够到舞台上去唱歌，能够上电视。

有一次，她看到电视上有一个十几岁的小歌手在唱歌，这让她很羡慕。她心里想，自己也可以唱得那么好。

音乐老师很欣赏她，觉得她是个唱歌的好苗子，所以经常在课堂上叫她示唱。每当学校有歌咏比赛，音乐老师都会点名让兰兰参加，以至于在学校里，她成了一位有点名气的小歌手。

险峰上的天使

二 校运会，停不下的竞走冠军

她像是一匹脱缰的小野马越走越远，感觉双腿上了马达，停不下来了。已经过了终点还在一个劲儿地往前走，居然将第二名落下了近两圈。

晓兰不但有一副动听的歌喉，体质也非常好，有很好的运动天赋。

她上初中的时候，有一年学校开运动会，其中有个新项目是 5 000 米竞走。当时中国在 1992 年的巴塞罗那奥运会上，田径运动员陈跃玲获得了女子十公里竞走冠军，这是中国第一个奥运会田径冠军。大概是看到中国在女子竞走项目的潜力和前景，当时很多学校都在开展竞走运动。而山东是我国的体育强省，特别是在田径方面，出了很多优秀的运动员。

竞走规则严格，比跑步更累，5 000 米就是十里路，对于一个初中女生来说是非常严酷的考验。因为 5 000 米竞走是个新项目，体育课上以前也没有练过，所以当时全班都没有人报名参赛。

无奈之下，老师只好强行指定。当时兰兰正好坐在第一排，老师一眼看到了她，说："晓兰，5 000 米竞走你上。"她回答："我不会，走不了。"老师说："你参加就行，你学习又不是很好，你总得有一样行吧。不会不要紧，老师来教你。"

晓兰只好答应了。体育老师开始教她竞走的规范动作，反复强调不能犯规，犯规就会被罚下去。

当时同年级总共有 11 个班参加比赛，她的好朋友宁宁也报名参加了。晓兰在八班，宁宁在十一班，因为两人性格特别像，都有点大大咧咧，所以关系特别好，几乎天天在一起玩。不过宁宁并不擅长运动，是抱着试试的态度报的名。当她在名单上看到晓兰时，很高兴地鼓励她说："你肯定行，要坚持下来。"

比赛那天，晓兰穿着大哥给她买的新运动鞋，一副英姿飒爽、满腔热血的样子。发令枪一响，她的两条小腿就像上了弹簧一样，很是有力。竞走比赛非常消耗体力。宁宁只走了一圈就支持不住了，被同学扶了下去，在赛场外大口大口地喘着气。等她缓过劲儿来，赶紧向场上搜寻好朋友晓兰，发现她像是一匹脱缰的小野马越走越远，遥遥领先了。

比赛终于结束了，结果令人难以置信，晓兰居然将第二名落下了近两圈，而她自己还不知道，已经过终点了还在一个劲儿地往前走。直到同学们大声叫她："赵晓兰，停下来！"她还在问："怎么了？"宁宁冲她大喊："你已经过终点了！"

可是她感觉自己的双腿好像上了马达，停不下来了！宁宁

险峰上的天使

轮椅保险员赵亦静的壮美人生

一看急了，跟好几个同学冲过去硬把她从跑道上拽出来。下来之后，才发现她的双腿一直在哆嗦，是负荷过大导致的。这时候老师也过来了，把她脑袋一拍，直接把她抱了起来，发现她的腿已经麻木了。

等晓兰缓过劲儿来，宁宁问她："你今天怎么像安了马达似的？"原来，学校要举行竞走比赛了，大家在老师的安排下，提前一个月就开始有意识地训练，每天不坐车，从家里直接走到学校，放学后又走回去。

晓兰的家离学校很近，几个来回也不如人家一个来回。这个认真好强的孩子，生怕比赛落后，于是每天放学后自己偷偷练习竞走。大哥看她这样，特意给她买了一双运动鞋。

谁也没想到，平时不显山不露水的晓兰，居然获得了学校第一个 5 000 米竞走冠军，而且成绩遥遥领先。当初嫌她学习不好的老师也开玩笑说："这孩子比赛真玩命，看来咱学校真要出个奥运会冠军呢。"

但是，运动会毕竟只是玩玩，无论是家里还是学校，都没有创造条件让赵亦静往体育方面发展。

有一天，很关心她的音乐老师告诉她，有一所华夏艺术学校，在青岛，可以去报考。晓兰十分高兴。但是老师说，华夏艺术学校一年的学费要 6 000 多块钱。这把她吓了一跳！

当时她爸爸一个月工资才几百元。妈妈因为身体一直不好，已经从单位办了病退，每个月只能发一点点生活费。哥哥参加工作不久，工资非常低。一家人日子过得紧紧巴巴，全部收入加起来，也不够交学费的，要拿这么多钱给她上艺校，简直是天方夜谭，痴人说梦。

　　但她非常热爱唱歌，很想有机会上艺校，于是大着胆子跟爸爸妈妈说了。面对孩子的请求，父亲显得十分为难，无奈地说："闺女，不是爸爸不让你读，家里实在拿不出这么多钱。"

　　她也知道家里拿不出钱来，唯一的办法就是去借。她天真地以为，等自己毕业后，就可以唱歌赚钱来还债。于是她又去同哥哥讲，希望哥哥能理解自己。没想到哥哥一听，不仅不支持，反而给她泼冷水说："你一天到晚没挣一分钱，反而想着怎么花钱。"

　　倔强的晓兰原本想寻求哥哥的支持，听哥哥这么一说来气了，忍不住和他大吵了起来。吵过之后，她并不死心，又三番五次地缠着父亲，向他请求。父亲每次都非常难受，却也只能重复那几句话，家里没有钱，负担重，你妈妈还要看病……

　　但这一次晓兰非常执着，她居然在父亲面前"扑通"一声跪了下来，说："爸爸就算我求您，您给我想想办法，我毕业后一定自己赚钱还上。"要强的晓兰从来没有求过父亲，即使父亲打骂她的时候，她也从来没有服过软。

　　父亲看到女儿这样恳求，内心也非常难受。但仍然没有办法答应她，就算是借得到，拿什么去还，他又怎么向另外四个孩子解释？

　　父亲内心的苦楚，深深地刺痛了她的心，她仿佛一下子长大了很多，从此不再向家里提要钱的事。但是过了几天，她有了一个惊人之举，不到15岁的赵晓兰做出了人生当中第一个重大决定：停学，自己去挣钱交学费，上艺校！

这个决定自然遭到了父亲的反对，父亲劝她说："你这么小，不读书怎么行，将来哪里会有前途？"但是倔强的晓兰就是不愿意再去学校了。爸爸很生气，没想到孩子这么不听话，忍不住打了她。但晓兰心意已决，打死也不去学校了。母亲和哥哥姐姐好言相劝，她也不肯听。

就这样僵持了一个多月，最后父亲拗不过她，也许是因为内心对孩子的一份歉疚，就对她说："你要是实在不愿意去学校，就去找个单位上班吧！"

第一章 梦想花季

三 为梦想，15 岁辍学打工

领到第一个月工资，她哼着那首《我的未来不是梦》，觉得眼前阳光灿烂。她的心已经飞到青岛，飞到了梦寐以求的华夏艺术学校！

父亲拗不过女儿，只好想办法给赵亦静找了一份工作：卖冰糕。这一年她才 15 岁，还算是"童工"。

这家冰糕厂离家不太远，当时做的是巧克力冰糕。她的工作就是站在流水线旁，把冰糕从模具里面取出来，把好的冰糕和不合格的冰糕分类放好。这份工作看起来很简单，却要眼疾手快。因为机器一直转个不停，所以工作期间不能有任何偷懒、停顿。好在赵亦静人小机灵，手脚麻利，学什么都快，于是很快就适应了这个工作。

对损坏变形的冰糕，回收之后要重新加工，工人有时也会自己吃掉。亦静是个孩子，自然有点贪吃，所以刚去的时候不懂得克制，吃了太多的冰糕，最后弄得一直拉肚子。

那家冰糕厂 24 小时开工，每天早、中、晚三班倒，一个班八小时。虽然一站就是几个小时，工作十分辛苦，但是亦静想着自己能够挣钱了，离上艺校的梦想近了，这种对梦想的热情激励着她，也就不觉得辛苦了。当她领到第一个月 150 块钱工资的时候，她哼着当时十分流行的张雨生的那首《我的未来不是梦》，觉得眼前阳光灿烂，她的心已经飞到青岛，飞到了她梦寐以求的华夏艺术学校！

亦静天真地计算着，这样下去多久能挣到六千块钱学费。为了尽快挣够上艺校的钱，她开始留意附近有没有兼职的工作。因为冰糕厂是倒班，轮到上晚班时，白天就很闲，她感觉自己有使不完的力气。

不久，她发现冰糕厂旁边有一家酒店招兼职的迎宾小姐。这份工作是隔一天去一次，每个月工资 300 元。亦静动心了，隔一天去一次，工资也比冰糕厂高一倍！她大着胆子进去询问。负责招聘的人看她模样漂亮，个子也高，但是觉得年龄太小了，左右为难。就问她有什么特长，亦静说她喜欢唱歌。于是他们就让她唱来听听，亦静就唱了《我的未来不是梦》，歌声把周围人的注意力都吸引过来。招聘的人很意外，没想到这个女孩歌唱得这么好，感觉很不错，当时就叫她来试工。

亦静性格开朗，口齿伶俐，经过几天的培训，很快就适应了这份工作。做了兼职后，有时酒店与冰糕厂上班的时间有冲突，赵亦静就找同事换班。亦静还是个孩子，正在长身体，这样白天、晚上连轴转，很是辛苦。但是她非常珍惜这份工作，除了可以多赚钱，还有一个很重要的原因——酒店里有个卡拉OK厅，空闲的时候可以去练歌。

她算了一下，两份工作加起来每个月有450块钱，只要一年多时间就差不多可以攒够6 000元艺校的学费了。既能多赚钱，又能满足自己的爱好，她就不觉得累了。每次下班后，只要不用赶着去冰糕厂，她就去歌厅唱歌，边赚钱，边练歌。

有一天下班后，亦静又在歌厅里唱歌。正好老板进来了，对她说："小赵，你歌唱得不错，能不能试试做几天主持？"原来歌厅的主持因为身体不好，请了一个星期假。老板正在犯愁，听到赵亦静在唱歌，突然眼前一亮，因为歌厅的主持光会说还不行，还要经常配合客人一起唱歌。

当时流行的《祈祷》《涛声依旧》《轻轻地告诉你》这些歌曲，亦静都会唱。她最喜欢的歌手是台湾的姜育恒、邓丽君，还有唱甜歌的杨钰莹。每天上班下班途中，她总是一路哼着"再回首，云遮断归途……""让时光匆匆流过，我只在乎你……"一首接一首，有唱不完的歌，有无尽的快乐和美好的憧憬。

老板叫她做主持，她当然乐意。因为有很好的基础，她一上岗就能胜任。

顶了一个星期班后，老板对她非常满意，就问她："你在雪糕厂拿多少钱一个月？"亦静老老实实回答："150块。"老板一听乐了，对她说："那么累，才150呀！加这儿迎宾300，你一个月总共赚450块钱是不？"亦静点头说是。老板爽快地对她说："要不这样，现在你就到这里来，雪糕厂不要去了，迎宾也不用你做了，你就专门做主持，我给你 600，好不好？"

亦静听了，心里叫了一声"妈呀"，一个月就 600，等于在冰糕厂做四个月，做够十个月就可以交艺校的学费了！这样看起来，上艺校也不是难事，而且这个工作又是自己喜欢和擅长的。

她立即辞了冰糕厂的工作，来到酒店全职做主持，很快完成了一个飞跃。参加工作短短两个月，就让自己的收入翻了四倍！

有一天，一位来唱歌的大哥哥，见赵亦静乖巧可爱，就问她："小姑娘，你在这儿做主持一个月挣多少钱呀？"赵亦静很神气地回答："600 呀！"没想到这个大哥却摇摇头，对她说："才600 呀，你老板坑你了，现在别的主持，都是 1000 多了，比你在这儿多一倍。"赵亦静睁大眼睛有点不相信，这位大哥见她不信马上就说："你不信，我可以带你去，旁边的百乐门歌厅就在招主持人，我可以给你介绍。"

赵亦静心想，是不是自己见识太少了，真有这么好的事？我不读书不就是为了多赚钱上艺术学校嘛，于是就真的跟着去了。这位大哥果然没有骗她，百乐门正在招聘主持人。

因为已经有了做主持的经验，面试很快就通过了，她就在百乐门歌厅上岗了。这一次换工作又让她的工资涨了一倍，她现在每个月可以拿到 1 200 块钱了！她做梦也没有想到，自己工作才几个月，就可以拿到当时人均水平两倍的工资！这么看来，不到半年，就可以赚够上艺校的学费了。

这个 15 岁的小姑娘，每天都欢快地唱歌、主持，晚上回来还兴奋得睡不着。甚至睡梦中都在唱歌，站在高高的舞台上接受掌声和鲜花。

百乐门歌厅的楼下，有一个游戏厅。赵亦静仿佛有使不完的劲儿，于是又在游戏厅找了一份零工，这样一个月差不多有2 000块钱的收入了，她很快就可以攒够6 000块钱了。

虽然收入挺高，但是这些钱她都小心地积攒着，舍不得花，也没有给自己买过一件新衣服。晚上下班无论有多晚，她都不坐公交车，而是跨上自己的旧自行车，一边飞快地蹬着车，一边欢快地哼着歌。每前进一步，似乎都离自己上艺校的梦想更近一步！

第二章　创业年华

《我的未来不是梦》

你是不是像我在太阳下低头，
流着汗水默默辛苦地工作？
你是不是像我就算受了冷漠，
也不放弃自己想要的生活？

你是不是像我整天忙着追求，
追求一种意想不到的温柔？
你是不是像我曾经茫然失措，
一次一次徘徊在十字街头？

因为我不在乎，别人怎么说，
我从来没有忘记我，
对自己的承诺，对爱的执着。
我知道，我的未来不是梦，
我认真地过每一分钟；

我的未来不是梦，
我的心跟着希望在动，
跟着希望在动。

四 18岁花季，第一次成功创业

"反正都是交房租，能不能把这个店再盘活一些，除了中餐和晚餐还可以做夜宵，一天24小时都能做呢？"

不到半年，赵亦静就攒够了6 000块钱，不但家里人大吃一惊，甚至连她自己也不敢相信这是真的。她兴冲冲地跑去问音乐老师："我现在赚到钱了，是不是可以去读华夏艺术学校了？"

老师一听很震惊，她没想到这个女孩子会如此认真执着，也让她刮目相看。她实在不忍心却又无可奈何地告诉赵亦静，现在都过去一年多了，那个学校已经不招生了。

赵亦静听了非常伤心，眼里噙着泪花离开了老师。自己辛辛苦苦打工，省吃俭用，就是为了上华夏艺术学校。现在钱赚够了，艺校却不招生了，她感觉所有的努力都白费了，一下子泄了气！她突然失去了目标，对去歌厅上班也没有兴趣了，后来很长一段时间都不知道自己该做什么好。

她甚至开始自暴自弃，那么辛苦地赚钱，那么省钱，有什么意义？她扔掉了那辆骑了两年的破自行车，花400多块钱买了一辆山地车，那在当时算是很贵的车了。一个漂亮姑娘骑着一辆时尚的山地车，从大街上飞驰而过，引来很多人羡慕的目光，她又觉得自己很神气，有钱的感觉真好。

赵亦静自从辍学后，就没有再依赖家人，靠着努力和运气养活自己，摆脱了经济上的窘迫，也让家人和邻居刮目相看。有时候她觉得自己太顺利了，所以也不再像以前那么缩手缩脚了。

没过多久，山地车有点旧了，她又给自己换了一辆更时尚的"小木兰"摩托，这次花了2 800块钱！这车贵得让人牙紧，但是骑起来非常帅气抢眼。

后来，有一家夜总会又请赵亦静去做主持。因为她的主持不是那么死板，很有活力，加上歌也唱得好，所以很受欢迎。但是夜总会和以前的歌厅不一样，每天都要工作到深夜两三点，非常辛苦，而且来来往往的人也是鱼龙混杂。亦静虽然性格开朗活泼，但骨子里却是一个很传统的女孩子。她不太喜欢这样复杂的环境，于是做了一段时间，她又一次辞去了工作。

俗话说，女大十八变。1997年，18岁的赵亦静有着1.64米的个子，模样儿也俊俏，走到街上，回头率很高。

这时候，她交了一个男朋友。这个男朋友也暂时没有工作。她想着，两个年轻人应该考虑有一份可靠的职业，于是就想两人一起开一家快餐店，他也同意了。

这时正好有一家饭店要转让，位置还不错，周边的人流量很大。

开饭店需要资金，赵亦静赚的那点钱自己享受一下还行，可开饭店却远远不够。他们只能想办法筹钱。赵亦静为人豪爽，人缘好，向家人和朋友借了一些，加上自己的一点积蓄，凑了15 000块钱，男朋友也想办法弄到两万块钱，他们就把这个饭店接了过来。

这是赵亦静第一次自己做老板，18岁就有了自己的店，这种感觉非常好。她的一位堂哥和他的女朋友也一起过来帮忙，四个年轻人一起把饭店开了起来。

这个饭店以前只做中餐和晚餐，赵亦静接手之后就想："反正都是交房租，能不能把这个店再盘活一些，除了中餐和晚餐还可以做夜宵，一天24小时都能做呢？这样赚钱就更多了。"

她的想法得到大家的一致赞同。四个年轻人充满了活力，每天都沉浸在创业的喜悦中，也不知道疲倦。每天早上五点钟，天还没亮赵亦静就骑车去买菜。由于这个店附近有几家歌舞厅，所以深夜都会有很多人来吃饭，生意非常好，到后来晚上的营业额和白天差不多了！

这个仅仅投入三万多块钱的小饭店很快就盈利了，赵亦静的第一次创业顺风顺水！

那时候，电视台正在播放一部电视连续剧《还珠格格》，男女老少都追着看。每天晚上电视台的黄金时间，也是赵亦静的饭店生意最火爆的时候，许多顾客边吃饭边在店里看电视。

这时候，赵亦静就像剧中女主角小燕子一样轻盈利落地穿梭在顾客当中，忙得不亦乐乎。她喜欢小燕子风风火火的性格，经常还会小声地哼唱着电视剧的主题歌《当》——让我们红尘做伴活得潇潇洒洒，策马奔腾共享人世繁华，对酒当歌唱出心中喜悦，轰轰烈烈把握青春年华……

她喜欢这首歌唱出的人生意境。这首歌似乎也印证了她的人生轨迹，她觉得自己的青春真是无限精彩，无比美好！

险峰上的天使

轮椅保险员赵亦静的壮美人生

五　移师东营，小炒房风生水起

做一天生意和做半天生意都要交同样的租金，所以应该对客户需求进行多次开发，客户有很多需求，他不找你也要找别人。

就在事业进展顺利的时候，她和男朋友的感情却发生了变故，没多久就分手了。经此打击和折腾，她也没有心思再开这个饭店了，生意也就暂时停止了。

当时她也赚了一些钱，却又不知道干点什么好。2000 年的时候，赵亦静发现有一家"小炒房水煮鱼"特别好吃，喜欢享受生活的她几乎天天都跑去吃。

这两年，赵亦静经过生意场的历练，已经具备了很敏锐的商业意识。凭感觉她认为这个小炒房水煮鱼一定会受欢迎，就想加盟这个品牌。她跑过去跟老板一咨询，才知道济南已经有不少"小炒房水煮鱼"，市场基本饱和了。

济南不行，能不能到外地去开？哪里比较好？赵亦静想到有个好朋友在东营做生意，她说那里有个大油田，叫作"油城"。油田人多工资高，生意很好做。赵亦静实在想象不出"油城"是什么样子，是不是一下班就有成千上万的人浩浩荡荡地走出来，就像一台超级大卡车开过来，身上还带着一股汽油味。但是她知道，这些人出来肯定要吃要喝要玩，去那里开店肯定能赚钱。想到这里，她心动了，连忙乘车前去200公里开外的东营考察。

东营位于山东省北部的渤海之滨，黄河入海口，是黄河三角洲的中心城市，也是我国第二大油田——胜利油田总部所在地。胜利油田有十多万职工，本身就是一座小城市。

到了东营，她听说几乎每个家庭都有人在油田工作，收入稳定，待遇好。双职工家庭每个月有一万多块钱的收入，真有钱！她当时就觉得，这是一个很大的潜在需求。

没多久，她再一次去东营，做了更细致的实地考察。她发现油田附近的餐馆家家爆满，有一家四川餐馆顾客更是排成了长龙，但是有特色、上档次的餐厅却不多。她当时就下了决心，要把小炒房水煮鱼开到东营来，开到胜利油田来！

年仅21岁的赵亦静，大着胆子从济南来到东营，在胜利油田租了个店铺，开始了自己的第二次创业。

当时做生意的大环境非常好，只要你肯努力就能赚到钱。赵亦静的这家"小炒房水煮鱼"，占据了天时地利，生意火爆得不行。几乎每一天顾客都排着长队，每一张桌子一天要翻很多次台。

赵亦静并不因此而满足，她想：这几年在社会上积累了很多人脉，这是做生意最大的资源。应该对客户需求进行多次开发，因为每一位客户都会有很多需求，他不找你也要找别人。这就像租了一间店铺，你做一天生意，和做半天生意都要交同样的租金是一个道理。

在与顾客交流中，她了解到很多人都有礼品需求。后来她就在经营小炒房的同时，又做起了礼品生意。顾客来吃饭的时候，只需要顺便介绍一下，很多就成交了。有些顾客还会主动给她介绍客户，所以她的小炒房和礼品生意都做得很好。当时是大钱也赚，小钱也赚。

赵亦静性格豪爽，大方仗义，很乐意与别人分享各种资源。她很热心地牵线搭桥，让大家成了朋友，或者做成生意赚了钱，从不介意自己有没有得到好处。她想，你把你的朋友介绍给我，我把我的朋友介绍给你，人脉圈子就更大了，这是互相成全。这样一来二去，很多顾客都成了她的朋友，自然也给她带来很多生意。

在这个过程中，她认识了两位热情爽朗的大哥：李群和吕翊。这两人是好朋友，因为在东营有业务，所以经常来小炒房吃饭。他俩也是济南人，赵亦静叫他们李哥、吕哥，他们彼此很快就熟络了。虽然如此，当时也只是一般的朋友。后来，这两位大哥却成为她一辈子的挚友，也是生命中重要的贵人！

就在赵亦静的事业风生水起的时候，她遭遇了一次重大的情感打击——2002 年，她的母亲去世了。

母亲一生辛劳，命运坎坷。前夫早年因病去世，她带着几个孩子再嫁。家庭人口多，经济拮据，自己又体弱多病，还要拉扯五个孩子，因为家庭关系复杂，还要照顾每一个孩子的感受，该有多难。母亲也因此积劳成疾，长期身体不好，早早就办理了内退，在家里休养了几年。

赵亦静是现在的父母二人唯一亲生的孩子。大概因为这个原因，虽然她最小，却没少挨父母的责骂。长大后她明事理了，懂得了母亲的不易，也从她身上感受到了母爱的伟大！

母亲不在了，生活还要继续。同时她也要承担更多照顾父亲的义务。父亲身体也不好，现在自己条件好些了，要把对母亲的爱，弥补一些在父亲身上。

因为事业顺风顺水，钱来得比较容易，所以赵亦静对待金钱的态度也比较随意，怎么赚来的就怎么花掉，毫不心痛。她喜欢新潮的发型、时髦的衣服，只要自己喜欢的，都会毫不犹豫地买下来。那时候出门旅游的人还很少，年纪轻轻的赵亦静却经常去各地游玩，名山大川之间留下了她青春飞扬、潇洒靓丽的身影。

2004年，赵亦静买了自己的第一辆车，一台别克凯越，花了将近20万。当时拥有私家车的人还很少。开着自己的车上街，这个年仅25岁，月收入两万的漂亮姑娘，已经算是"成功人士"了！

六 跌落深谷，事业婚姻双破产

无论理财还是投资，最怕的就是把所有鸡蛋都放进一个篮子里，一定要懂得分散风险！

赵亦静率先成了"有车族"，很快就被一位保险公司的大姐给盯上了。

这位大姐认识赵亦静的姐姐。看到赵亦静买了车，知道她的经济条件比较好，是潜在客户，就一再给她姐姐普及保险观念。后来她姐姐经不住她的游说，答应介绍她认识赵亦静。

这位大姐多次上赵亦静家反复给她讲保险的好处，可以防止意外风险，保大病医疗，还可以养老，解决孩子的教育金，等等。当时赵亦静对保险的态度就是两个"不"——一不了解，二不相信。自己年纪轻轻，身体很好，能有什么病？家里经济条件也不错，不需要什么保险。甚至还听人说保险是骗人的，所以对这位大姐的话不以为然，根本没放在心上。

但是这位大姐锲而不舍，她认为赵亦静能买得起车，就代表她有购买能力，经常找她软磨硬泡。有时她看到赵亦静的车停在楼下，就上楼来跟她谈保险。这让赵亦静很不耐烦，一度有些反感。

赵亦静是个很重情义的人，后来碍于情面，也不想再被她烦，就跟二姐在她那里各自买了一份保险。她买的是一份重大疾病＋住院＋意外保险，每年交保费两千多元。其实这是一份人情保单，具体有些什么保障，她也没太留意。

交了三年保费后，家人知道了，就劝她把保险退了。因为是普通家庭，平时都比较节约，也没有保险观念，就说你现在年轻健康，整天活蹦乱跳，人家都说保险是骗人的，买这干啥，还是退了得了。

赵亦静是个乐观的人，那时候日子过得十分舒适，心里难免有些自满和膨胀，全然没有风险意识。这个保险当初就没想买，经家人一劝说，就找来那位大姐要退保。这位大姐反复劝说，赵亦静最后留了一份重大疾病保险，把医疗和意外伤害险给退掉了。

事实上，因为整天忙生意，生活没规律，常常顾不上吃饭，时常熬夜，她不知不觉中已经在透支自己的身体。有时还会出现躁动、易怒、面色苍白，甚至短暂昏迷等现象。后来有朋友提醒她可能有低血糖，要多注意身体，她当时并没有放在心上。

就在她的小炒房和礼品生意风生水起的时候，有朋友建议她去开会所。当时会所的生意很好，利润非常高。有些会所一瓶普通的啤酒要卖到几十块，一小碟瓜子也可卖到十几块。赵亦静动心了。

会所的投资很大，她觉得自己的能力很强，人脉也不错，成功几乎唾手可得。说干就干，她和一位朋友在东营找到一处合适的场所，连租金带装修两人一共投入了近 200 万元。为了这个会所，她倾其所有，把这几年赚的钱全部都投了进去，还向朋友借了 30 万。

2008 年，她们的会所开张了，生意很好。但是由于投资大，前期只能收回成本，两三年后才能开始盈利。

这时候赵亦静已经结婚了。两人相识多年，后来似乎是很自然地走到一起的。

没多久，赵亦静就发现自己意外怀孕了。当时她每天都在快乐地忙碌着，暂时没打算要孩子，而肚子里的宝宝似乎也特别乖巧，所以赵亦静一直不知道，连呕吐都没有。直到肚子明显大了，别人劝她去医院检查，才知道胎儿已经有三个月了。即便这样，她还是没有打算生下来。因为孩子有月份了，自己也已经快 30 岁了，在家人和医生的劝说下，她欣然接受了这个小生命，后来生下了一个可爱的小女孩。

孩子的降生为生活增添了新的乐趣，但也带来了甜蜜的烦恼。赵亦静想趁着自己年轻多点赚钱，实在没有时间带孩子，就把孩子放在大姐家里，由大姐帮忙照看。只有在回济南的时候，才能去看看孩子。

因为生意顺风顺水，赵亦静接连买了三套房子，当时的价格加起来值 100 多万，也算是济南城里过得风光体面的人了。

就在会所即将盈利的时候，猝不及防地来了一场全国性的娱乐场所大整顿。在东营，政府对全市所有会所进行一刀切式的停业整顿。起初，赵亦静和朋友认为困难是暂时的，挺过一段时间就可以重新开张了。生意停了，会所每个月的租金、员工的基本工资照样得支出，一个月就得十几万。没多久就撑不住了，赵亦静只好又向朋友借了30万，先顶住。可是，这一整顿就是好几个月，不知道要到什么时候才能结束，重新开业遥遥无期。更糟糕的事情还在后边，很多员工等了一段时间，看不到希望，都纷纷离职到其他城市去另谋生路去了。这些流失的员工，很多都是当初精心挑选和培养的骨干。他们不走，每个月都要贴一大笔工资；他们一走，一旦恢复营业很难招到合适的人，还要重新培训，横竖都是损失。赵亦静第一次体会到了创业的艰难，她和搭档心急如焚。

过了好几个月，整顿终于结束了。但是已无人可用，只好重新招一批新人，这样一折腾，等于重新开业一次，又花去一大笔费用。即便如此，很多老顾客回来一看，发现原来那批熟悉的工作人员不在了，感觉陌生了，也就不太来了。生意从此一落千丈！

会所的投入很大，经营成本很高，一旦生意不好，就会亏损。做得越久，亏得越多。无奈之下，两人一商量，只好把会所彻底关了。会所前后不到两年就破产了，200万的投入全部打了水漂，还欠下了几十万的账。

多年以后，赵亦静反思这次投资：如果换作现在的我，一定会多一些理性，权衡风险，不会把所有的钱都投进去。无论理财还是投资，最怕的就是把所有鸡蛋都放进一个篮子里，一定要懂得分散风险！

这些年，她的事业颇为顺利，所以也没有什么风险意识，胆子很大。即便现在面临困境，她对自己的未来依然很乐观。这次会所亏损，只能说是运气不好，与经营没有太大的关系。她坚信以自己十几年来积累的经验，以及众多的人脉，依然可以东山再起。

而就在赵亦静事业失意的时候，她的感情也遭到了重大打击。因为性格不合等原因，她的婚姻只维持了一年多，就解体了。

在事业、爱情双双破产的时候，孩子成了赵亦静唯一的精神支柱。这时她仿佛明白了，这个当初意外来到她肚子的孩子，就是上帝派来守护她的天使！每每在她最困难的时候，都会给她无穷的力量和无限的希望！

第三章　不死火鸟

《天之大》

妈妈，月光之下，
静静地我想你了，
静静淌在血里的牵挂。
妈妈，你的怀抱，
我一生爱的襁褓，
有你晒过的衣服味道。

妈妈，月亮之下，
有了你我才有家，
离别虽半步即是天涯。
思念，何必泪眼，
爱长长，长过天年，
幸福生于会痛的心田。

天之大，
唯有你的爱是完美无瑕；

天之涯，
　记得你用心传话。
　天之大，
唯有你的爱，我交给了他，
　让他的笑像极了妈妈。

七 飞来横祸，命运瞬间改变

命运可能给了你一万次通向幸福的机会，也许你都无法把握，却可能因为一次大意，而跌落万丈深渊。

俗话说，"祸不单行，福无双至"。这句话有点宿命，然而现实常常是这样残酷。

一个人可以控制自己的方向和步伐，却无法预知无常的人生。命运可能给了你一万次通向幸福的机会，也许你都无法把握，却可能因为一次大意，让你跌落万丈深渊。

为了重新创业，尽快把债还了，赵亦静四处奔走，考察项目，找朋友帮忙，有一段时间甚至患上了抑郁症，她也感觉不到累。然而，会所关闭后不到三个月，一场巨大的灾难正在无声无息地向她走来。

时间定格在 2010 年 8 月 22 日，阴历七月十三，星期天，这是一个让赵亦静无比痛苦的日子，她31岁的人生，就在这个晚上被彻底颠覆了！

因为第二天是她妈妈的祭日，兄妹几个约好晚上去大哥家，商量明天的安排。妈妈一晃已经离开五年了，明天大家要去给妈妈上坟。

赵亦静住得离大哥家并不远，因为大哥家楼下不好停车，所以那天她没有开车。在大哥家吃完晚饭，一直聊到快十点钟才结束。

赵亦静从大哥家出门下楼，横过马路，站在路边准备打车回家。因为比较晚了，这一带并非繁华路段，当时街上的车和行人并不多。就在赵亦静等车的时候，她突然感觉到有点晕厥，很快就支撑不住了。是不是因为太累了？还没来得及细想，她就失去了知觉，晕倒在马路边。

后面发生的事情她一无所知。后来的监控显示，当时她的周边没有行人，所以没有被及时发现，悲剧就在两分钟后发生了。一辆满载水泥的大货车从后面呼啸而来，车速明显超过市区道路行驶规定。根据事后调查，这辆车严重超速。

致命的是，这辆车几乎是擦着人行道行驶的，明显不是正常驾驶。由于能见度低，车速过快，司机根本没有看到马路边有人晕倒，也来不及做出反应。就这样，大货车从赵亦静身上直直地碾了过去，发出了"砰"的一声闷响，昏迷中的赵亦静下意识地发出一声惨叫。同时车子产生了明显的阻力，晃动了一下，司机急刹车，停了下来。

这时附近有人扯着嗓子在喊"车子压到人了，别跑！"货车司机这才意识到出了大事。路边的行人迅速聚集过来，有的跑向赵亦静，有的向大货车围过来，怕司机跑了。

司机在车上迟疑了一会儿，打开车门跳了下来。里面还有一个女的，犹豫了几秒钟也跟着跳了下来。两人走到货车的后面，看见满地是血，血泊中躺着一个人，全身血肉模糊。特别是下半身，白森森的骨头都露了出来，令人毛骨悚然，惨不忍睹。

司机这才意识到自己闯了大祸，当即头皮发麻，已经吓蒙了，不知所措。原来，这个司机是受雇给一个私人老板开车的。那天他送货完毕，准备把车开回自己家中，车上坐着的是他老婆。两口子在车上为家庭琐事争吵起来，后来越吵越凶，各不相让，开起了斗气车，所以注意力很不集中，车速也特别快，加上能见度低，开到赵亦静身边时，惨剧就在一瞬间发生了！

这时候车祸现场乱作一团，有人打 120 叫急救，有人打 110 报警，有人想把伤者扶起来，有人制止说不要动，以免失血更多。有人大声斥责司机超速，有的质疑他醉驾。

司机因为心虚，无法辩解，显得手足无措，只好打电话给他的老板，说车子出事压到人了。在大家的斥责下，两口子又互相指责起来，女的说，谁让你不长眼睛，这么大个大活人你都没看见吗？男的说，谁让你在车上一直骂骂咧咧？更多围观的人在叹息："这么年轻，太惨了！"

这时有附近的熟人认出来，好像是老赵家的闺女赵亦静，就急忙打电话给她大哥，让他们赶快过来。

过了一会儿，赵亦静大哥、大姐和父亲先后赶到了，一看躺在地上的果然是赵亦静。他们用手摸着她的头和脸，捏她的鼻子，哭叫："兰兰，你醒醒，醒醒……"可能是因为被惊醒，也可能是因为疼痛，赵亦静突然睁开眼睛，醒过来一下，很快又昏迷过去。大概是因为失血过多。

老父亲一看女儿压成这样，哭得撕心裂肺，差点晕了过去，在夜空中显得格外凄惨。旁边许多人跟着叹息，默默流泪。有人议论，这个闺女长得漂亮，很会做生意，歌也唱得很好。太可惜了，现在腿可能保不住了，以后怎么活？她还有个两岁的女儿，如果她死了，小孩可要遭罪了……

没多久，医院的急救车来了。医护人员跳下来，简单查看了一下，小心翼翼地把赵亦静扶起来，放到担架上，抬进救护车里。家人哭着一起上了车。救护车在深夜里闪烁着刺眼的光芒，一路"呜哇呜哇"地响着警报，风驰电掣般向济南市中心医院驶去！

险峰上的天使

轮椅保险员赵亦静的壮美人生

八 高位截肢，美丽从此残缺

在残酷的现实面前，亲人们面临最痛苦的选择：签了这个字，意味着亦静将失去双腿，终生与轮椅为伴。如果不签字，则可能失去生命。

十几分钟后，救护车驶进了济南市中心医院。赵亦静被医护人员抬下来，一路小跑推进了急救室。

几位亲人被留在急救室外面，心急如焚地等待着里面的消息。其他几位亲人在得到消息后也都迅速赶到医院。姐姐看到小妹下肢全部被压烂，两条腿就剩一层皮连着大腿根，失声痛哭，休克过去了。

大哥悲痛欲绝地哭着对大夫说："求求您，救救我妹妹。"大夫说："我们会尽力。"

他们一边流泪，一边叹息，一边懊悔。说早知道这样，晚上就不让她回家了。她太累了，身体已有点虚弱，自己却不知道，一直没在意。这一年来她一直很拼，孩子那么小，很辛苦。生意也不好，还亏了钱，欠了债。大家对她关心不够，一直觉得她很能干，从十几岁开始就自立了，没让父母兄妹操过心，却似乎忽略了她也是个女人，是个单亲妈妈，是他们最小的妹妹……想到这里，哥哥姐姐们既难过，又有几分自责。现在被压得这么惨，肯定要一笔巨大的医疗费，钱也是个问题。

也不知道过了多久，医生出来了，告诉他们一个近乎是最坏的结果——截肢！大家都惊呆了，迟疑了一会儿，就问截肢是什么意思，是不是要把腿全部锯掉，一点也不保留？在得到医生肯定的答复后，60多岁的老父亲一听，当时都站不住了，声泪俱下地哭喊："兰兰你不能没有腿，不能没有腿啊……"苍老而又撕心裂肺的哭声响彻整个门诊大楼，显得格外凄凉。大家边哭边向医生哀求，能不能保住她的腿，哪怕是一截。

主治医生无奈地说："你们的心情我理解，如果是骨头断几截，还能接上。但是她这开放性的伤口，骨头和肌肉全部被碾碎了，只有皮是连着的，没法恢复了，必须截肢，而且得抓紧时间手术。现在失血太多，需要大量输血。必须马上签字做手术，否则就会有生命危险。"

在残酷的现实面前，他们面临最痛苦的选择：签了这个字，意味着亦静从此完全没有了双腿，将要终生与轮椅为伴！但是，如果不签字马上动手术，可能从此再见不到亦静了。

过了两分钟，大家停止了哭声，你看看我，我看看你，又好像渐渐达成了默契，把目光停留在大哥身上。大哥万般无奈地拿起沉甸甸的笔，一边抹着眼泪一边颤抖着双手签下了自己的名字。这一刻，他觉得自己是个罪人，好像是自己把小妹的双腿锯掉了。

截肢手术如此漫长，整整做了六七个小时！这对于亦静的每一位亲人来说都是炼狱般的煎熬。大家在手术室外彻夜守候，坐立不安，不敢去想象手术室的情景，又不得不想。仿佛看见医生拿着明晃晃的钢锯，一下一下锯在赵亦静血肉模糊的腿上，也割着自己滴血的心。

他们想着，亦静醒来后，发现自己没有了双腿会不会疯了？亦静以后的生活怎么办？两岁的晓希，今后该怎么长大？

他们从来没有像今天这样，觉得亦静对于大家是如此重要，特别对于晓希是如此重要。似乎也第一次感觉到亲情对于这个家庭中的每一个人是如此重要。

终于，医生和护士们满头大汗、疲惫不堪地走出了手术室。告诉家属，手术完成。对于医生来说，意味着阶段性的成功，有如释重负的感觉。

而对于赵亦静和她的家人而言，这个"成功"却是他们长久伤痛的开始。从今天起，他们将要陪伴这个最可爱也最可怜的小妹，重新开始另一个人生。

他们轻轻走进病房，屋子里白得晃眼。白色的病床上，一个全身——准确地说是上半身裹着厚厚白色纱布的身体静静地躺着，只露出两只眼睛和鼻子、嘴巴，看上去十分恐怖。接着，大家都下意识地往白色被单的下方望去，却没有人有勇气去掀开。大家都在默默地流泪，使劲儿咬着嘴唇，不敢哭出声来。

静待着她苏醒，却又怕她醒来。怕她发现自己的腿没有了，不知道该怎么面对。家人商量，为了不影响治疗，必须得先想办法瞒着赵亦静，能瞒多久是多久。

赵亦静醒来时已经是第二天了。亦静还活着，大家悲喜交加。

赵亦静睁开双眼，看见一个白色的世界，她不知道自己身在哪里？她的第一个反应，是要喝水。她已经很长时间没有喝水了！

因为一直昏迷，医生怕她喝水呛着，所以一直不敢给她喝水。现在她感觉喉咙里面像要冒火一样，渴得要命，以至于她本能地抓起床边的输液瓶，就想往嘴里倒。家人赶紧给她喝水。

喝完水，赵亦静清醒了一些。发现手上插着输液管和监视仪。身子只能躺着，一动都不能动。因为麻醉的效果还没有完全消失，她隐隐约约地感觉自己的腿不对劲儿，老是别着似的，特别难受，总是想掰过来，但是完全使不上劲儿。

于是她对家人说："我的腿别扭得很，你们帮我活动一下腿吧。"一直守护在病床边的姐姐，强忍着悲痛，象征性地拽了拽被子。

赵亦静以为姐姐帮她活动腿了，但是觉得很奇怪，怎么帮着活动了，还是很不舒服呢？好像无论自己怎么使劲儿腿都活动不过来。

家人怕她要掀开被子来看，赶紧掩饰说："你刚受了一点伤，只要好好休养，过段时间就会好了。"总算是暂时把她哄过去了。

这时，医生过来给她打了针，在止痛针的作用下，她又昏昏沉沉地睡着了。

赵亦静经过大量失血和手术，身体十分虚弱，神志也不是很清醒。就这样一直在重症室躺着，时而清醒，时而昏迷。但她还是隐隐约约感觉到无尽的疼痛。不知道过去了多少天，也不知道白天还是黑夜。后来，重症室的另外三个病友都搬走了，只有她还一直躺在那里。

　　当然，她更加不知道，她在昏迷的这些天，家人已经多次收到病危的通知。因为被货车硬生生地轧断了两根大动脉，造成大量失血，而被碾压的双腿血肉模糊，创口太大，造成了严重感染，所以她随时面临着死亡的威胁。医院三番五次下达病危通知，家人不得不接受这个最残酷的事实，甚至开始为她准备后事了。

第三章　不死火鸟

九 绝望与恐惧，生死线上的挣扎

亲人不但要忍受巨大的痛苦，而且面临着另一场生死赛跑——从她被推进医院的那一刻起，高昂的医疗费就要像输血一样源源不断。

从车祸发生的那一刻起，赵亦静就开始了与死神的生死较量。后来在医护人员和家人的帮助下，她挺过了最初的危险期。

她的亲人不但要忍受着巨大的痛苦，而且还面临着另一个难题——高昂的医疗费怎么办？这同样是一次生死赛跑，从她被推进医院的那一刻起，每一分钟都需要大量的医疗费，像输血一样源源不断，否则她的生命就可能停滞。

日后长久的康复，还需要一笔巨额资金。肇事方能赔偿多少还不好说，又不是大公司，赔偿肯定会很有限。她父亲靠微薄的退休金生活，几个哥哥姐姐都是普通家庭，也拿不出太多的钱来。

原来条件比较好的赵亦静本人，现在生意失败还欠了债，唯一值钱点的就是那几套房子了。当时济南的房价并不高，即便卖了，还要还债，也剩不下多少钱。

一家人在被迫接受赵亦静截肢的事实之后，又开始为她的医疗费伤起了脑筋。这时有人突然想起了赵亦静好像买过保险，现在出这么大的事，不知道保险公司能不能赔？因为他们从来没有跟保险打过交道，听人说保险是骗人的，一直以为那个东西与自己没什么关系，大家都没有什么保险意识。

赵亦静是这个大家庭第一个买保险的人。可是家人觉得没什么用，曾经劝她把保险退了，也不清楚后来退了没有。要是没有全部退，多少都会赔点儿吧……

不管怎么说，只有能治好她的腿，大家就是砸锅卖铁也认了。亲人们一方面轮番在医院照顾赵亦静，一方面想办法去筹钱。有的去跟肇事方交涉，有的去银行查账户，有的去赵亦静家里找保单联系保险公司……

在这个紧要时刻，赵亦静之前认识的两位大哥，李群和吕翊及时向她伸出了援助之手。

其实他们当时和赵亦静并没有太深的交情，也就是偶尔去她那里吃饭，聊聊天。因为亦静对人热情、豪爽、真诚，不世故，所以他们都很认可这个妹子。亦静出事后，他们都非常难过，并竭尽全力帮助她渡过难关，后来他们成了一辈子的朋友。

过了几天，赵亦静终于挺过了鬼门关，渡过了危险期，可以转到普通病房了。普通病房的费用也低一些，家人暂时松了一口气。

家人都希望她能够再站起来，哪怕安装假肢也好。但是医生明确告诉他们，因为是高位截肢，腿完全被切除，根本没有支撑点，所以不可能装假肢了，注定她的下半生只能坐在轮椅上。只是赵亦静还不知道，这场车祸已经把她的人生彻底颠覆了！

医生和家人一直对她隐瞒被截肢的实情，至于要隐瞒到什么时候，谁也不知道。这对于亲人也是一种痛苦的煎熬。他们一直害怕这个秘密被揭开，私底下商讨了很多次，设想了所有的情景，却都不知该如何应对，只能拖一天算一天了。

但这个痛苦时刻迟早会到来。终于有一天，医院的一位值班主任在查房的时候走错了，本来是去另一个病房，结果来到赵亦静的病房，拍了拍她的病床，意识到不对，下意识地对旁边的医生说："哦，这是截肢的那个？"

"截肢？"赵亦静蒙了，是说我吗？当时她的右手正在打点滴，左手上夹着生命监测仪。

她下意识地把右手伸进被子里往下摸——空空的，没有腿！她慌了，左手又顺势摸下来，也是空空的！她感到自己跌落到又暗又冷的深井之中，心里一下子悲凉到了极点。她再摸一遍，确定自己是没有腿了。"完了！完了！"有个痛苦的声音从内心崩裂开来。

平时总听人说"天塌下来了"，这时候她才真正感觉到天是真的塌下来了！

她的第一反应是"我不能活了，我没有了腿怎么活？"没有钱，可以拼命去挣。做生意亏损，欠了债，她也并不惧怕，相信自己可以东山再起。然而自己一个爱美的女人没有了腿，这怎么活下去？她彻底绝望了，像触电似的，把插在手上的输液管一下子拔掉了，歇斯底里地尖叫"我不要活了，这样活下去还有什么意思？"

她拼命地挣扎，要爬起来，跳下床，可是又起不来，因为没有腿的支撑。她用自己的半截身体，在床上使劲儿翻滚，扭曲得脸都青了。对于她这样一个年轻、美丽、能干的女人，怎么能够接受没有双腿的现实？

赵亦静是个要强的人，她爱美，爱生活，爱唱歌，她觉得人生就是要活得痛痛快快、潇潇洒洒。可是现在她的身体已经残疾，生活已经残缺。她也不再美丽，什么"策马奔腾，共享人世繁华……"这一切都毁了，这次命运的玩笑开得太大了。

她觉得以前努力打拼，起早贪黑赚来的房子、车子、票子，这一切都不重要了，一闭眼就过去了，这些有什么用呢？活着是对自己的折磨，她接受不了这样窝囊、屈辱地活着。

家人赶紧过来安慰她，叫着她的小名："兰兰，你冷静点，还有办法的。"她哪里还听得进去，大声喊："谁也不要靠近我！你们不要管我，我要死了！"无论家人如何苦口婆心地劝说，始终动摇不了她轻生的想法。她请求家人："放弃我吧，活着干什么，没有了腿我怎么活？"

她整个人都处于一种歇斯底里的状态，情绪完全失控，就像疯了一样，所有的医生护士她都不让靠近病床。还用很难听的话骂他们："你们怎么这么毒？你们不是人，我都这个样子了，你们为什么不让我死？为什么要抢救我？让我这么痛苦！你们千万不要来救我！"

她在这种情绪的刺激下，居然迸发出惊人的力量，几个人按她都按不住。大家泪流满面，苦苦地劝她，但是根本不管用，整个病房里哭喊声惊天动地。没有一个人劝得住，无奈之下，家人只好流着泪把她的双手绑在床架上，试图让她安静下来。等待她情绪平稳一些再慢慢做工作。

即便这样，她仍然奋力地挣扎。大喊大叫要下床去寻死。嫂子走过去安慰她，刚一靠近，赵亦静就伸出手死死地抓住她，疼得嫂子脸都变形了。

过了好久，赵亦静大概是累得没有力气了，才松开手，居然从嫂子身上硬生生揪下一块肉来。可想而知，她的内心承受了多么巨大的痛苦！

家人理解亦静的痛苦，一边悉心地照顾她，一边还要忍受她的打骂，轮流守候在她身边，怕她自杀。

然而，在这样剧烈的斗争中，亲情却在不断地升温。虽然亦静的家庭关系比较复杂，但是在她遭遇重大的人生打击之后，家里的每一个人都没有放弃她。一边积极为她治疗，悉心陪护，一边还要想办法筹集医疗费。

后来，赵亦静回想起这段经历，感到亲情原来是如此可贵，那是人世间最宝贵的情感。如果不是亲人的悉心照料和鼓励，她当时可能真的走不出来了。

险峰上的天使

轮椅保险员赵亦静的壮美人生

十 选择重生，母爱是不死的火鸟

世界上最受用的道理，最美好的言语，都抵不过母亲对孩子的爱。母爱就像一只不死的火鸟，哪怕经过炼狱般的焚烧，也能让人重生！

传说中有一只不死的火鸟，无论什么人，只要喝了火鸟的血，就可以像火鸟一样，生命永恒。于是，更多的人想得到火鸟的血。这只不死鸟，每隔五百年左右，便会采集各种有香味的树枝或草叶，叠起来引火自焚，最后在留下来的灰烬中会出现重生的幼鸟。

这个动人的神话诠释了生命的延伸与轮回。世界上的生灵，都是以母体的牺牲而获得新生的。

赵亦静出车祸以后，一直没见过她的孩子。当时她的孩子晓希只有两岁半，家人怕孩子接受不了，就瞒着她，说妈妈出去办事了。

赵亦静清醒后，很想念自己的孩子。问家人，晓希在哪里，她怎么样了？还好吧？知道大家在轮流照顾她，她就放心了。

她知道孩子一定也很想她，想知道妈妈在哪里。但是她并没有提出让孩子来医院，自己现在变成这个样子，自己都接受不了，不想让孩子看见妈妈是这个样子，也害怕孩子见到自己时的反应。

赵亦静不想活了，家人苦苦相劝也无法打消她自杀的念头。实在无计可施的家人，最后商量出一个办法——用孩子的亲情来感化她。他们瞒着赵亦静，把孩子带到医院来看她。

那天，晓希在舅舅、姨妈们的牵引下，来到医院。这个两岁半的小女孩，一走进病房，就用稚嫩的声音大声喊着"妈妈，妈妈"，一下子扑倒在妈妈的身旁。

晓希太小了，不知道发生了什么事，问："妈妈你怎么了？为什么躺在这里，怎么还不回家呀？"赵亦静不知道该怎么回答年幼的孩子。

这些天，赵亦静一直沉浸在自己的痛苦当中不能自拔。当孩子来到她的身边，她才清醒过来，内心的痛苦一下子就软化下来，眼泪哗哗地往下流。这是一个母亲的本能，也是母爱的伟大！

这一幕让在场的所有人都泪流满面，许多人忍不住转过身去，轻声啜泣，不忍看到这人间最残酷也最温暖的一幕。任你是铁石心肠，也会为之落泪。

晓希乖巧地依偎在妈妈床边，伸手帮妈妈掖了掖被子，拿起毛巾替妈妈擦干满脸的泪水。

孩子两岁多了，赵亦静之前忙着做生意，很少和她在一起，亏欠了她太多。但是孩子对她没有一点生疏感，见到她永远这么亲热，赵亦静终于露出了久违的笑容，大家也看到了赵亦静活下去的希望。

后来的几天里，家人每天都带孩子来病房。医生看到孩子带给妈妈的力量，破例让她留在医院，陪伴妈妈度过她人生当中最痛苦、最黑暗、最绝望的时刻。

赵亦静原来是一个爱干净、爱美的女人。可是入院十几天，因为做了手术不方便，一直没洗过头发。现在头发已经又脏又乱，纠结成了一团。晓希看见了，用小手抚摸着、整理着妈妈的头发，一边像大人对孩子一样安慰妈妈："这样，妈妈就美美的了！"

赵亦静开心地笑了，说："晓希，给妈妈唱首歌来听。"晓希用稚嫩的声音，唱起了妈妈教给她的歌："世上只有妈妈好，没妈的孩子像根草，离开妈妈的怀抱，幸福哪里找……"

孩子的歌声，让赵亦静想了很多，这首歌是自己教晓希唱的。她想起自己小时候看电影《妈妈再爱我一次》的时候，还不懂事，却哭得很伤心。没有母亲是世界上最可怕的事。

晓希才两岁多，已经没有父爱，如果再没有妈妈，她将会是世界上最可怜的孩子。如果那样，她怎么办？怎么长大？谁来管她？她一遍一遍地反问自己。

姥爷、舅舅、姨妈他们都会管她，也会对她好，但是永远无法替代妈妈的爱！没妈的孩子像根草。她会不会每天被人欺负？她会不会像三毛一样四处流浪？

有一次赵亦静迷迷糊糊地睡着了。在梦中，她看见一群孩子围着一个蓬头垢面的小女孩，叫她"没妈的孩子""野孩子"，他们欺负她，打她。小女孩使劲儿地哭喊着："妈妈，你在哪里，快来救我。"

她被惊醒了。感觉脸上热热的，伸手一摸，是自己的泪水。她急忙寻找晓希，发现晓希正坐在她的病床边，脑袋歪着，靠在她的被子上甜甜地睡着了。她一把搂过孩子，生怕她被抢走了。

她反反复复想：如果我死了，我的孩子会过得非常艰辛；如果我死了，我的孩子会是一个可怜的孩子；如果我死了，孩子交给谁我都不放心。

最后她想明白了：晓希是乖女儿，是自己的心头肉，也是自己生命的延续。如果自己就这么死了，对自己也许是个解脱，但会留下孩子在这个世界上受罪。既然生下了她，就要对她负责任，把她抚养成人，才算尽到一个母亲的职责。

为母则刚！母亲的心是最柔软的，伟大的母爱却可以迸发出巨大的力量，也让自己变得坚强。

赵亦静下定决心：我要活下去，为女儿活下去！不管再苦再难，一定要咬着牙活下去，要把孩子抚养成人！

当她的家人看到她情绪慢慢平稳，知道她是为了孩子才活下来的，所有的人都喜极而泣，也被她深深地感动！要知道，做出这个决定非常不易，活下来，在轮椅上度过今后几十年的人生，将要面临无数艰难和困苦！

赵亦静做出活下去的决定后，就下定决心要从头开始。

这天，她对陪伴她的家人说，想把头发剪掉。赵亦静非常爱美，多年一直留着齐腰的长发，很是珍爱。

现在赵亦静却让理发师傅把她的头发全部剃掉，留个光头。

大家都非常吃惊，不明白她的意思。她笑笑对大家说："从今天起，我要从头开始，再活一次！"

家人听了，又是心酸，又是欣慰。

对于一位母亲而言，世界上最受用的道理，最美好的言语，都抵不过她对孩子的爱。经历了九死一生的赵亦静，为了女儿，最终选择艰难地活下来。母爱就像一只不死的火鸟，哪怕经过炼狱般的焚烧，也能浴火重生！

第四章　向死而生

《活出个样来给自己看》

每一天哟每一年，
急匆匆地往前赶。
哭了倦了累了，
你可千万别为难。
是路它就免不了有沟沟坎坎，
就看你怎么去闯。
怎么去闯每一关，
活出个样来给自己看。

千难万险脚下踩，
啥也难不倒咱，
只要你的心中有情有爱。
风里走，雨里钻，
刀山雪岭也敢攀，也敢攀，
活出个样来给自己看。

苦辣酸咸全咽下，
啥也难不倒咱，
只要你的心中有情有爱。
天也蓝，地也宽，
再苦再累心也甜，心也甜！

十一 123 天，炼狱之痛

人一旦有了精神支柱，就会变得特别坚强和刚毅。为了女儿，她一次次忍受着剧痛，挺过最黑暗的时刻。

对于一个高位截肢的人来说，选择活下来是非常不容易的，甚至比选择死亡要难上一千倍。因为每时每刻都要经历炼狱般的痛苦，那是常人难以想象的。

赵亦静被截肢后，远远不是耐心等待康复那么简单。她身上每天都要插尿管，一直插了两个月，钻心的疼痛。前前后后经历了六次大的手术，并且遭受了二次截肢！

这六次手术，短的六七个小时，长的要十几个小时。当时要锯掉许多残肢，因为这些残肢引发了严重的感染，不得不进行二次截肢。想想都可怕。

然而对于赵亦静来说，截肢之痛已经算不得什么了，最可怕的是三天一次的无麻醉换药。那种疼痛，没有经历过的人是无论如何都想象不出来的。

因为是开放性伤口，两条腿的骨头和肉都裸露在外面，用一层层纱布裹着。由于感染得非常厉害，每三天就得换一次药。换药的过程异常痛苦，每一次换药都是一次受难。

因为怕引起反复感染，所以换药的时候不能打麻药。由于纱布和血肉完全粘连在一起，每次换药时医生得先用剪刀把旧的纱布剪开，然后用药水清洗创口。每擦一下，都是钻心的疼痛。而这还只是痛苦的前奏，最痛苦的是剪腐肉。每次擦拭完之后都要剪掉腐肉。这时医生拿着明晃晃的医用剪刀，直接朝她的大腿上"嚓嚓"地剪下去，那种揪心的疼痛简直没有人能够忍受。

剪腐肉的时候，需要有人扶住她，但是家人都不忍心看，没人敢去，只有大姐胆子大一点儿，拼命抱着她。

剪的时候，通常会把新长的肉一起剪掉。每一剪子下去，赵亦静都能清晰地听见医用剪刀在自己的腿上咯吱咯吱的声响。她不受控制地发出"啊……啊……"的惨叫。她一次次哀求医生："医生，求求你，给我打点麻药吧！"那痛苦又可怜的表情，连护士都不忍心看。因为剧烈疼痛致使肌肉不停地抖动，更增加了操作的难度。

通常这条腿剪完了，又开始剪另一条腿。每次剪腐肉，都是一次人间炼狱，对于医生和家人都是一次巨大的精神折磨，每次下来所有人都会大汗淋漓。赵亦静更是全身湿透，被折腾得死去活来，痛得双手把姐姐身上抠得青一块紫一块的。

四个月的时间里，这种无麻醉换药，持续了30多次。她凄厉的尖叫声，在医院的每一个角落都可以隐约听见。其他病人和家属都受不了，不肯和她住在一起。最后整个病房只住着她一个病人，享受了一回特殊"待遇"。

后来很长一段时间，只要一听到剪刀的响声，她就会条件反射，脑海里马上浮现出剪腐肉的场景，头皮都会发麻。在场的一位护士，后来问赵亦静："赵姐，我当护士这么久，还从来没看到谁像你这样，当时我真的看不下去了。那么痛苦，你是怎么忍过来的？"

后来有朋友跟她开玩笑说，看电影里面的女英雄，经受严刑拷打，还有人坚贞不屈，以前还不太相信，现在相信了。你能挺过来，也算是"女英雄"了。

赵亦静想，还是女儿的力量在支撑自己吧。人一旦有了精神支柱，就会显得特别坚强和刚毅。活下来，比死更痛苦万分。一想到自己的女儿，她都会咬牙挺过来。因为她明白，如果自己不配合治疗的话，可能就活不过来了。为了女儿，她必须忍受常人不能想象的巨大痛苦。

经过这一关，赵亦静对于小时候看到的英雄人物，也加深了一份理解，她明白那还真不是虚构出来的。英雄之所以能够经受住严刑拷打，坚贞不屈，大概也是依靠信仰的力量，他们对真理的追求，对美好未来的向往在支撑着自己。

赵亦静不是英雄，她想的是自己不仅有亲人、有朋友关心，还有可爱的女儿，为了让孩子健康成长，有一个美好的未来和人生，这也是一种坚强的信念，这支撑她一次又一次忍受剧痛，挺过黑暗。

除了肉体上的痛苦，她精神上也备受折磨。因为长期住在病房里实在是太无聊了，太难以忍受了。赵亦静无数次哭闹着要回家，每次当她想要回家的时候，家人都像哄孩子一样安慰她，好好配合医生治疗，治好了就可以回家了。哄了半天她安静一会儿，过一段时间她又开始烦躁，继续吵着要回家。

后来赵亦静慢慢明白了，吵闹也没有用，还是自己想办法吧。病房里有电视机，开始的时候她根本看不进去。后来为了稳定情绪，她强迫自己看电视。但是不敢看悲伤的故事，也不听忧伤的歌，尽量看一些小品和娱乐节目。就是为了打发时间，不让自己想事，一想实在太痛苦了。有时整夜看电视剧，看累了，自然就睡觉了。

但是也不能总这样闹腾，身体吃不消，陪同她的人也烦，也要休息。可一静下来，她又不由自主地开始胡思乱想，难以入睡。实在没办法，只好吃一点安眠药，才能入睡。为了排解自己的情绪，她开始找其他病友聊天，这样就会暂时忘记疼痛与苦闷。

当时有几个病友喜欢唱歌，医生就鼓励她们唱歌。因为唱歌的时候情绪是饱满的，有利于身体恢复。家人一听很高兴，这可是赵亦静的拿手好戏。但是赵亦静却不想唱，她喜欢唱歌是因为歌声里流淌着快乐，现在自己这么痛苦，怎么唱得出来？

到了出院那天，赵亦静特别开心，终于可以走出这个白得刺眼却又暗无天日的鬼地方了。她不由自主地哼了几句邓丽君的歌。大家这才发现，这个没有了双腿的病友，不但人长得漂亮，歌也唱得这么好听。

在这段时间里，她和病友们结下了深厚的友谊。走的时候，

险峰上的天使

轮椅保险员赵亦静的壮美人生

她跟大家挨个打招呼道别，说大家以后要像亲戚朋友一样，互相串串门，有事互相帮助。

这时候，她已经逐渐接受了自己的残缺，能够坚强地面对亲人，面向未来了。大家都被她的乐观所感染，无论是医生、家人，还是病友，都从内心敬佩她，感觉她由内而外都散发着一种可贵的美丽。

她的坚强也鼓励着更多的病友，医生和病友经常以她为榜样鼓励患者说："你看赵亦静，那么年轻漂亮，现在变成这样，人家还是挺过来了！"这增添了病友们战胜伤病的勇气和力量。

在医院住了 123 天，赵亦静终于出院了。进来的时候还是夏天，出院的时候已经是初冬了。这四个月是赵亦静人生最黑暗的一段时光，何其艰难，何其漫长，仿佛经受了人世间的炼狱！

很久以后，赵亦静回到济南市中心医院，去看了自己当时的主治医生。主治医生看到她的身体恢复得比想象的还要好，十分开心。

这一切，得感激家人，在赵亦静最困难的时候，家人给了她最多的爱和帮助。虽然医院有 24 小时护工，但是家人还是不放心。从出车祸到出院四个月的时间里，家人一直轮流每天 24 小时陪伴在她身边，让她感受到从未有过的亲情！

十二 雪中送炭，九万保险理赔款

救死扶伤是医院的天职，但医院不是慈善机构。在这里，生死就是一线之隔。在生与死之间，金钱显得如此重要。

在医院每天都需要很多钱。因为投资会所的时候花光了赵亦静所有的积蓄，甚至还欠了账，她已经没有钱看病了。

为了救治她，哥哥姐姐们都竭尽所能，从家里拿出钱来。但是这远远不够，住院、做手术、输血、用药、护理……有时一天几万，有时一天一万就这样没了。患了大病、急病，才知道什么是真正的花钱如流水。平日里省吃俭用，精打细算，甚至一分钱都想掰成两半花，可是进了医院眼都不用眨一下钱就没了。以至于时间长了，都不知道心痛了。但是钱从哪里来，是个问题。

救死扶伤是医院的天职，但是医院不是慈善机构，每天都要面对很多重症病人，如果交不起医疗费，随时可能被停止救治。

这里每天都要送走许多患者，有的是转院，有的是回家，有的则是永别。

在医院里，生死就是一线之隔。虽然医生已经看惯死亡，但对于患者的亲人来说，他们总是想竭尽全力来挽救患者的生命。每一个生命的后面，都维系着另外一些生命，维系着一个家庭的幸福。而金钱在这生与死之间，显得至关重要。

赵亦静也是这样。她的亲人都在努力，每天都要轮流去照顾她，要分担她的痛苦，经常通宵不能合眼，无论对于身体和精神都是一种煎熬，非常辛苦。另一方面，还要努力筹集资金。一旦钱跟不上，就可能暂停输血、用药，甚至要搬出病房，她脆弱的生命之弦随时可能崩断。

后来实在没有钱了，大家商量着她还有一套不错的房子，应该能卖几十万，可以支撑一段时间。这似乎也是最后的办法了。

当时她的房子有 117 平方米，位于市中心，是前几年她生意好的时候买的，总共花了 60 多万。现在想想这套房子真是买对了，要是不买，很可能后来生意不好也亏掉了。

经过几年，这套房子略有升值，估价七八十万。因为急需用钱，亲人们就按原价 60 万元的价格去房产市场交易，但前提是要一次性付全款，这增加了成交的难度。挂出去好几次都没有成交。

为了让房子尽快出手，家人商量，只好再降五万，可还是没人要，第二天，又降五万。就这样，一天降五万，一天降五万，最后降到 35 万，终于被人买走了。这些钱还不到房子实际价值的一半。

家人虽然感到非常惋惜，但也是没有办法的事，毕竟这套房子也在关键时刻为抢救赵亦静发挥了作用。没过几年，这套房子已经涨到了 150 万，买家赚了好几倍！

唯一真正值得庆幸的是，赵亦静当初还有一份没退的保险。出事后，给她办理保险的大姐汇报给公司，公司很快就派理赔人员和她一起来了解了情况。

由于赵亦静的住院保险和意外伤害险都退了，只留下一份重大疾病险。保险公司经过评估，给赵亦静送来了九万元的重大疾病理赔金。

理赔人员告诉她的家人，赵亦静属于高度残疾，当初要是不退保，意外险 100% 赔付，可以多得 40 多万理赔款。再加上住院医疗险，总共可以获得 165 万赔偿金！家人听了目瞪口呆。

他们原来不相信保险，又经常听人说保险是骗人的，所以才劝她把保险退了。没想到保险公司不但没有逃避，反而主动找上门来理赔，让他们追悔莫及，也深感惭愧，既误解了保险公司，更对不起赵亦静。

如果当初不退保，有了 165 万理赔，赵亦静的全部医疗费用都可以解决，就不用贱卖她的房子了，几年后就能升值到 100 多万。那样，她也不会连累家人，甚至还可以还清欠别人的 30 万元，出院后还可以有资金重新创业。然而那时顺风顺水、生龙活虎的赵亦静何曾想过有一天意外会降临到自己头上。在当下的中国，人们还普遍缺少风险意识。观念不对真是害死人！

接过沉甸甸的九万元理赔款，全家人悲喜交加。这份唯一保留下来的重疾险真是雪中送炭，给陷入困境的家人带来了更多希望！

赵亦静后来以自己的亲身经历告诉别人，保险，宁可千日不用，不可一日不备。因为"重疾"和"残疾"也是生活中的恶性风险，是一个家庭需要优先通过保障型险种来转嫁的风险。

由于当时投资会所花光了所有积蓄，出车祸以后家人的心思都扑在她身上，根本没准备怎样与肇事者打官司的事。开车的是一个年轻小伙子，车主却是另外一个人。当时家人也没有多少法律意识，直到出车祸十几天后，家人才想起请律师。律师请求对肇事方进行资产保全，却发现对方已经把卡上的钱转走了。那位车主当时给医院交了五万块，为了逃避责任，后来再也没有出现过。

医院每天的医疗费、护工费，都需要很多钱。官司却不是一两天可以审完的。后来经过很长的时间，官司终于打下来了，判决对方赔赵亦静 55 万元。这是因为对方买了第三方责任险，要是车主没有第三方责任险，损失将更加惨重。

赵亦静此时才真正理解，国家为什么要强制买车险了。全国每天这么多车来来往往行驶在路上，不知道要发生多少事故。如果没有车险将是多么恐怖的事。经过这次亲身遭遇，赵亦静才开始真正去了解保险，意识到了保险的重要性。

房子虽然能升值，但是救急的时候却只能贱卖。而保险平时可能被人遗忘，关键的时候却有杠杆作用，可以十倍甚至百倍送来救急的钱。

在一个人遭遇大病后，能送来一千元的是朋友，送来一万元的是亲人，送来十万元的，只有保险公司！

赵亦静开会所的时候，有一个很好的朋友，总共借给她30万块钱，其中有十多万，又是从朋友那里帮她借的，这让赵亦静非常感动。

赵亦静出了车祸，这个朋友十分焦急，一来替她的身体担心，二来难免也担心那些钱，现在她失去了赚钱的能力，这个钱可怎么办？

赵亦静却始终记得这个朋友对她的帮助。她在医院神志清醒一些以后，就对哥哥说："我还欠着朋友的钱呢，万一我死了，你把我的房子和车子卖了，帮我把他的钱还了吧！"这个朋友后来听别人告诉他这件事，忍不住流下了眼泪，一是为了赵亦静的有情有义，二是为她伤心难过。有这样的朋友，就是不还那些钱，也值了。

后来，赵亦静在经济条件十分困难的情况下，还是想办法把这位朋友的钱还了。这位朋友逢人就说赵亦静是个了不起的女人，她以前的事业那么成功，绝不是偶然的。这样的人，即使是残疾了，也一定会是一个强者！

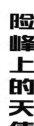

险峰上的天使

轮椅保险员赵亦静的壮美人生

十三 无腿的起跑，站上人生新赛道

一个声音告诉自己要坚强，为了那么多爱自己、帮助自己的亲人、朋友；另一个声音又对自己说，这样活着太痛苦，太没有意义了。

赵亦静的母亲去世后，由于父亲年纪大了，身体也不太好，好几年前又查出患了肾炎，而儿女们都要工作没时间照顾父亲，就想到给他找一个老伴。后来经人介绍认识了一位老太太。这位老太太非常精明，不知道从哪儿得知她父亲有五套房子。

事实上，父亲这几套房子，早就分给了儿女，只是一直没有办理过户手续，全部登记在他的名下，让她以为都是父亲的。大概是因为这个原因，所以她同意了在一起生活。孩子们为了父亲有人照顾，也欣然接纳了她，叫她"大姨"。

后来，老太太得知这五套房子都已经分给了他的子女，心里非常失落，有种上当的感觉。没有了房子，她觉得以后也就没什么奔头了，对老赵的态度也比以前冷淡了很多。

时间一长，儿女们也都看出来了，这位老太太当初可能是冲着他们家的房子来的。赵亦静心里尤其复杂，因为是她的亲生父亲，在她看来，不管这个大姨对父亲有没有真感情，毕竟算是父亲的老来伴，对父亲也是个照应。大家相处的时间长了，彼此之间总会有些感情。

赵亦静是个孝顺孩子，当时她经济条件好，每个月都会给父亲两千块钱生活费，其中有一千块钱直接给了大姨。对于一个老年人，这算一笔不小的收入。

赵亦静发生车祸后，大姨的表现却让她十分伤心。大姨的女儿听说赵亦静出事了，特意来医院看望她。没想到，当她刚刚走近赵亦静床边，却被老太太一把拉了回去。当时赵亦静的哥哥姐姐都在场，看到这一幕心里很不愉快，亦静只是出了车祸，又不是什么传染病，她女儿还算是尽一点"姐妹"之情，她居然这么嫌弃。亦静平时对她那么好，每个月都给她上千块钱，感觉她太过现实了，心里很是气愤。赵亦静后来想想，也没多计较，心想只要她对父亲好就行了。

赵亦静要出院时，哥哥姐姐们为了方便照顾她，就商量着让她先住到父亲家里。因为大姐和父亲住在同一栋楼，两个哥哥也都住在附近。这样大家都比较方便照顾她。

他们提出这个想法时，亦静发现父亲欲言又止，显得非常为难。后来问他是什么原因，父亲说："你大姨说你住进来，她就走！"

亦静明白了，这位大姨是怕自己过去是个累赘，要她来照顾。其实大家已经商量好了给亦静请个保姆，她会带保姆一起过去。因为当时没有比亦静住在父亲家里更好的方案。父亲想着毕竟是自己的女儿，只好回去找老伴商量。但是她百般不愿意，找了很多理由搪塞。

亦静不想让父亲为难，就把孩子放在姐姐家里，她和保姆俩一起住在自己家里。保姆是赵亦静哥哥从家政公司找来的，最初每个月工资 1 500 元，后来涨到了 2 000 元。

当赵亦静回到家中，她长吁了一口气，这是自己的家，安稳、自在、舒适，再也不像医院那么压抑了，不会每天看着白大褂和病号服在眼前晃来晃去。然而，回家之后她却发现真正的考验才刚刚开始。

健全的人很少去关注那些残疾人，特别是重度残疾人的生活。生活中的举手之劳，对于他们来说都可能十分艰难。

上下楼，要徒手爬；喝水，经常拿不到水杯；吃饭靠哥哥姐姐下班送来，要不就叫外卖；洗个澡，要忙活半天；厕所进不去，要女儿帮她倒大小便……

最痛苦的是，她无数次从轮椅上、床上摔下来，因为她的意识还没有习惯自己没有腿，经常会不由自主地站起来，结果身子往前一挺，就会失去重心一头栽下去。半截身子直挺挺地摔在地上，没有腿的支撑半天爬不起来，那种痛苦和屈辱让人难以忍受。好几次她都躺在地上失声痛哭！后来她的头上、胳膊、身上摔得伤痕累累。

保姆住在她隔壁，白天还好，到了晚上就特别麻烦。有一天晚上，她想上洗手间，叫了半天保姆都没有反应。也许是没有听到，也许是听见了不愿意起来，最后她实在憋不住了，尿在了床上。这对于那么爱美、爱干净的赵亦静来说既是身体上的痛苦，更是精神上的折磨，这让她感觉到一种无以言说的屈辱。

后来为了方便，晚上就在床边放一个便盆，大小便的时候不用再去洗手间了，也不用叫醒保姆。即使这样，保姆也不愿意给她倒便盆。

好在她的女儿很懂事，经常主动给妈妈倒便盆。这让她很过意不去。生活中这么多的困难，让她感觉到很自卑。

自己为了女儿硬是活了下来，可是一个重度残疾人，高位截肢的妈妈，生活都无法自理，怎么去照顾孩子？这样下去只能拖累孩子，活着有什么意义？

以前的她年轻漂亮，充满活力，唱歌、跳舞，做生意样样都在行。可是现在每天端坐在轮椅上，对着墙壁和天花板，简直是从天堂跌落到地狱！

只要一静下来，她就会做着激烈的思想斗争，一个声音告诉自己要坚强，为了晓希，为了那么多爱自己、帮助自己的亲人、朋友。

另一个声音又会跳出来：这样活着太痛苦，太没有意义了！

为了不让自己胡思乱想，她把家里的电视、电脑全部打开，让屋里闹哄哄的，但是压抑久了，总要发泄出来。家人也都很理解她，由着她发泄。发泄完了，也累了，就安静一些了。再后来，她开始努力麻醉自己，学着抽烟和喝酒，每天都喝得醉醺醺的。但是醒来后，痛苦并没有减少。

险峰上的天使

轮椅保险员赵亦静的壮美人生

她看了大夫，大夫说："你首先要从心理上站起来，要走出去，你的心才会变得开朗。"这话听起来很对，可是要做起来并不容易。

终于有一次，赵亦静鼓起勇气去了超市，她想给孩子买点吃的。可是当哥哥姐姐把她推进超市那一刻，很多正在购物的顾客，都放下手里的东西，好奇地看着她。有人还远远地用手指着她说："你看那个女的，怎么没有腿？"

赵亦静听到这些感觉特别刺耳，她的自尊心迅速被瓦解，真想找个洞钻进去。她一刻也不想停留，急躁地催促家人："快走，快回去。"

第一次外出就大受刺激，给她心里投下了很大的阴影。她受不了，害怕别人用异样的眼光来看自己。所以她很长时间都不愿意出门，实在有事得出去，也是完事马上就回来。

赵亦静曾经是个疯狂的"鞋子控"，她很喜欢各种美丽的鞋子。经济条件好的时候，只要看到漂亮的鞋子，她就会很大方地买下来，最后家里摆放着一百多双鞋子。在她看来，那是一件件美丽的饰品。

而现在，看着这些美丽的鞋子，她感觉特别刺眼，因为她已经用不上了。每次看到鞋柜里那么多色彩斑斓的鞋子，她都感觉特别伤心。有一段时间，她甚至不能看电视，电视中女孩都有修长的玉腿，穿着漂亮的裙子，蹬着美丽的高跟鞋，时尚动感。这些她都曾经拥有，现在却永远失去了。

终于有一天，她下定决心，把这些鞋子全部扔出去，不要再触景生情，伤害自己。她前前后后丢掉了一百多双鞋子，一百多条裤子。当真正与它们告别的时候，她感到十分伤心。像是与自己相处多年的老朋友做了一场伤感的告别，同时也是又一个新的开始。她用精神的双腿坚强地挺立，站在了人生的新赛道、新起点上！

险峰上的天使

轮椅保险员赵亦静的壮美人生

十四 上帝关上了门，需要自己去打开窗

自助者天助！ 那么多苦难让她深切地体会到：如果上帝为你关上了门，与其傻傻地等待他重新推开，不如自己主动去打开一扇窗！

虽然在医院想得好好的，下定了决心重新开始生活，但是一回到现实生活中，面临着各种困难与痛苦，赵亦静又一次次绝望了，又开始萌发了轻生的念头。家人可能洞察到了她的想法，就把剪刀、刀子等利器全部藏了起来。

也许是母女连心，有某种心灵感应，不到三岁的女儿也发现了妈妈的情绪异常，她很担心妈妈。后来就不肯去大姨家睡了，要和妈妈一起睡。

赵亦静以前做生意，很少跟孩子在一起。后来会所停业了，才有时间跟晓希多待些日子，母女感情也迅速升温。但是出了车祸之后，她并不愿意孩子和自己一起睡，她怕自己残缺的身体给孩子带去不好的心理感受。她还小，将来还会有很好的前途，

要充满阳光。

有一次，保姆出去买菜了。赵亦静一个人在家里突然情绪失控，不想活了。她慢慢挪到床头，想从床上爬到窗户上跳下去。可是，由于没有腿的支撑，从床头到窗户只有那么一点点的距离，自己却够不着，怎么爬都爬不上去。她想了想，就把床上的被子、枕头一层层摞起来，把自己垫高一点，好不容易爬上去了，刚想往下跳，被进来的姐姐发现了，一把给她拽了回来。

想死都死不了，她心里特别痛苦。赵亦静趴在姐姐怀里，像个受了惊吓的孩子无助地放声大哭："我真的不是在帮我闺女，而是在拖累她。"

最了解她的还是家人，大家就开导她说，"你死了，孩子连个妈都没有了。你哪怕就是躺在床上，孩子上学回来她还有个妈妈在，就是个有妈的孩子。你死都不怕，还怕活着吗？"这句话深深地触动了她。她反复想：我想活，可是自己该怎么活？为什么一直都坚持不下来？

哥哥姐姐来看她，见她这个样子很不放心，再次建议她跟父亲暂时住在一起，彼此多个照应。这时候"大姨"可能觉得没得到什么好处，就自行离开了赵家。赵亦静听了哥哥姐姐的话，带着保姆搬到了父亲家里。

但是父亲毕竟是个男人，自己年龄也大了，还有肾炎，所以很难照顾到她。她带个保姆住在那里，也很不方便。她又想搬回去，但是父亲和哥哥姐姐都不同意。

中国有句老话，叫作"久病床前无孝子"，这话有点残忍，却道出了无奈的现实。同样，父女感情也不能替代现实问题。

因为她和父亲两个人身体都不好，很难互相照顾，时间长了可能会增加矛盾，反而影响感情。

最后，赵亦静还是下定决心搬出父亲家。她和哥哥姐姐们讲明其中的曲直，大家觉得她说得在理。最后大家商量，为了方便照顾，就让亦静在附近另外租一套房子，而把她自家三楼的房子租出去。后来亦静就在父亲家前面的一栋楼，租下了一套一楼的两居室。房子比较陈旧简陋，但是因为在一楼，进出比较方便。家人帮助她把楼道内的台阶用水泥砌成一个斜坡，她就可以坐着轮椅自己进出了。然后他们把房间内的各种摆设，都按照方便轮椅到达的方案去设计，甚至还可以坐着轮椅进厨房。

刚开始，赵亦静和保姆生活在一起，但是保姆也有自己的事情，不能天天来。而赵亦静离不开人照顾，只好另找保姆。前前后后总共找了十几个保姆，但是大多数保姆都做不长，让她非常苦恼。

后来总算找到一个不错的保姆稳定下来，对她照顾得很不错，彼此之间也很有感情。但是这个阿姨做了一年多，提出年纪大了不想再做了，赵亦静和家人百般挽留，愿意给她加工资，但她去意已决。亦静一声叹息，不过还是在心里感激她，一直记着她的好，记着她帮助自己度过了一段艰难的日子。

这时赵亦静想，我不能一辈子都依赖保姆，能不能试着自己照顾自己呢？这么一想，她开始尝试着如何解决实际困难。上楼下楼，上不了就爬，一只手抓着楼梯的栏杆，另一只手按在台阶上一层层往上爬，慢慢地就可以了。

许许多多的困难摆在面前，她都会一一去克服它。其实她真正要解决的第一个困难，就是给自己树立强大的信心，让自己相信这个困难、那个困难原来都是可以克服的，而自己以前却在逃避。她发现，只要勇敢地去面对各种困难，其实很多难题都是可以迎刃而解的。于是，她练习独自去克服更多困难。

她学着用双手撑着两条小板凳，移动自己的身体行走。赵亦静本来身材就高大，所以每挪动一步都非常沉重，非常吃力，走几步就得歇一下。由于没有地方停靠，只能用手死死地撑着小板凳。这样在家里走个半圈下来，就已经大汗淋漓了。但对她来说，却走出了一片新天地。

赵亦静进一步学习打扫卫生，洗菜做饭。以前她一直在做生意，基本上不太做家务，现在行动很不方便，却要重新学做家务，而且做得还不错，她突然有了几分成就感。原来自己还行，很多事情都可以独立去完成。

人遇到了挫折，给自己一个缓冲。再试，总是能成功的！终于有一天，赵亦静可以自己照顾自己了。这时，她主动辞退了保姆。

在赵亦静人生最黑暗的这段路程中，她和女儿母女俩形影不离，彼此成了对方的精神支柱，一起牵引着寻找光明。

晓希就像是妈妈的手和脚，四岁的时候，就学会了做一些简单的饭菜，能够给妈妈煮面条、下饺子了。五岁的时候，她已经能去菜市场熟练地买菜了。后来，卖菜的叔叔阿姨都认识她，很喜欢这个既懂事又孝顺的孩子，每次见她过来都热情地招呼她。

赵亦静健康的时候，把时间给了事业而远离了女儿，现在她遭遇了不幸，又回到了孩子身边。这或许就是命运的安排。

经常有人鼓励她说，上帝为你关上了一扇门，就会为你打开一扇窗。经历了这么多磨难，现在她深切地体会到：上帝无情地为你关上了门，与其傻傻地等待他重新推开，不如自己主动去打开一扇窗！

第四章　向死而生

第五章 化茧成蝶

《春暖花开》

如果你渴求一滴水，
我愿意倾其一片海；
如果你要摘一片红叶，
我给你整个枫林和云彩。
如果你要一个微笑，
我敞开火热的胸怀；
如果你需要有人同行，
我陪你走到未来。

春暖花开，这是我的世界；
每次怒放，都是心中喷发的爱。
风儿吹来，是我和天空的对白，
微弱的声音，唱出我最闪亮的期待。
春暖花开，这是我的世界；
生命如水，有时平静，有时澎湃。

穿越阴霾，阳光洒满你窗台，
其实幸福一直与我们同在。
我的世界，春暖花开！

十五 沼泽之中，大哥们托起一片天

大哥们挺身而出，给了她精神上巨大的支持和经济上无私的帮助。而她的乐观坚强，让他们感到内心的震撼。

因为治病，赵亦静背上了沉重的经济负担。以前她是何等风光，现在已经没有能力赚钱，还要培养孩子，支付保姆的费用。这些钱从哪里来？亲人、朋友只能帮助自己渡过一时的难关，但她不可能依赖别人一辈子。

当赵亦静的身体恢复一些，并且慢慢地适应了现在的生活后，她开始考虑做些事情，养家糊口。可是现在这个样子，能做什么呢？做生意需要投资，现在她没有钱。

这时候，李群和吕翊两位大哥挺身而出，给了她精神上巨大的支持和经济上无私的帮助。

李群和吕翊都有自己的公司，赵亦静在开饭店的时候认识了他们。另外还有一位在市邮政局工作的老大哥，叫曲哥。大家关系都很不错，以前他们时常会去她的店里吃饭。赵亦静去东营以后，每次回到济南大家基本上都要一起聚聚，多半是她来组织。但也就是聊得来的朋友，彼此并没有特别深的交情，更没有任何利益关系。

赵亦静出事的第二天，他们得到了消息，只知道是出车祸了，不知道到什么程度。李群一直清楚地记得，那天是星期天，下着特别大的雨。在济南，这样的雨天并不多，似乎给人不好的心情。他约好吕翊和曲哥，急急忙忙赶去中心医院。来到医院，听说赵亦静被截肢了，顿时就愣住了，心里实在接受不了。三个大男人当时就在医院里流泪了，像是对待自己的亲妹妹一样，关心她的安危和精神状态。

冷静下来以后，他们就开始讨论：赵亦静本人是否知道被截肢了？这个漂亮豪爽的妹妹，接受得了这个现实吗？他们不知道该如何面对她，只能极力地克制住自己，在病房外面转了半天，最后还是没有勇气进去，只是在门口看了看。

与此同时，赵亦静的几位好闺密欣欣、蕾蕾姐、殷小杰听到消息后，也赶到了医院。之前只听说是她的腿断了，没想到有这么严重，大家都接受不了。

从医院出去后，他们都十分焦虑，又不知道该怎么办。过了两天，李群和曲哥又忐忑不安地去了中心医院。来到医院，他们又不知道该怎么说才好，平时滔滔不绝的两个男人，在外面商量半天由谁先开口。可是一进病房，两个人谁也没有出声，都不知道该说什么，只觉得心里堵得慌。

这时，已经清醒过来的赵亦静看见两位老朋友来了，大概也看出了他们的心思，为了减轻他们的心理负担，缓解一下气氛，就笑着说："哎呀，李群，你现在是越来越帅了。"李群和曲哥听了，强做笑容。

他们没有想到赵亦静如此乐观坚强，一个女人，腿都没了，居然还主动跟他们开玩笑。她的这种乐观精神是他们没有想到的，他们感到很震撼。

一时之间，他们也不知道如何安慰她。跟她说些什么？似乎说什么都不合适。似乎唯一能做的就是陪伴她，所以，他们哥儿几个只要一有空就去看望她。先是去医院，后来还经常抽时间去她家里，陪她吃饭、聊天。

李群长得高大魁梧，人却很细腻，是一个里外都能干的男人。每次去她家，吕翊在外面陪亦静喝茶聊天，李群就反客为主，给赵亦静做红烧肉，她特别喜欢吃。他们还跟她开玩笑说，毛主席就爱吃红烧肉，爱吃红烧肉福大命大。赵亦静心里感到特别温暖，暂时忘记了伤痛。

赵亦静对他们说，每天在家里很无聊，时间特别漫长，经常对着窗子静坐。所以这栋楼里哪个老头几点出门，哪个老太太干什么去了，她都掌握得清清楚楚。

他们笑她适合做"特工"，赵亦静却说："我真想跳出去，可是没有腿我怎么往下跳。"大哥们听了很担心，觉得赵亦静老在家里待着，对她的身心健康都很不利。两人就商量：得让她走出去，给她找点事干。可是干什么呢？真是为难。

有一次，吕翊来了灵光，突然想到他有个朋友，叫吴哲，是济南市残疾人艺术团的团长，他们经常组织演出。赵亦静的歌唱得很好，是不是可以让她去那里唱歌？李群一听，觉得不错，建议试试看。

这个吴团长可大有来头。他从小学舞蹈，高中毕业后下乡当知青，后来又回城工作，然后又考上了大学。毕业后先后在济南市教育局、民政局工作。后来进入残联，一干就是几十年，创作了很多残疾人艺术作品，在全国不断获奖。后来为全国观众熟悉的残疾人舞蹈《千手观音》，最早的雏形就是他创作的。他对于残疾人有很深的感情，倾尽自己的力量帮助他们自立自强。听吕翊介绍了赵亦静的情况，吴团长很是敬佩，立即答应和她见面。

2011年春天，吴团长如约来到赵亦静家，当时她出院已经有两个多月了。那天她父亲也来了。为了迎接吴团长，父女俩都有点激动，也有点忐忑不安。

吴团长50来岁，高高的个子，匀称的身材，非常和蔼可亲。因为他整天跟残疾人打交道，去过很多残疾人的家里，对残疾人有一种天然的情感。说起来也奇怪，赵亦静见到吴团长后，心马上就安静下来，不那么狂躁了。

吴团长看到她的样子，也不知道说什么好，是安慰她，还是说什么，觉得这些话都太轻了。他简单问了几句，就说想听听赵亦静唱歌。赵亦静就唱了一首自己很喜欢的电视剧《马大帅》的片尾曲——《活出个样来给自己看》。

这首歌难度比较大，一般人不太敢唱。赵亦静有意挑选了一首难度比较大的歌，想让吴团长看到自己的水平。

其实这是赵亦静的父亲第一次听女儿正式唱歌，听完之后老父亲十分激动，百感交集。他虽然不懂艺术，但是女儿高亢嘹亮的歌声显然感染了他，他没想到女儿的歌唱得这么好。想想孩子小时候因为想进艺校学唱歌和他争吵，最后辍学去打工，并早早地走上了创业路，15岁起就自己养活自己，还孝敬父母，他既感动又心酸，同时也有几分自责。如果她不是早早辍学打工、创业，应该进了高中、大学，有一个很安稳的工作，也可能不会发生后来的车祸。

他偷偷地拭去眼里的泪水，生怕亦静和吴团长看见。

吴团长听完赵亦静的歌，增强了信心，他心里想：能唱歌就好，不在你唱得如何，你只要是能唱，这个人就能站起来了。又得知她的家庭情况，和经历过的很多坎坷，吴团长觉得她非常善良，就鼓励她说："你能唱这首歌，不在乎唱得怎么样，关键是真得活出个样来给人看。"并表示欢迎她加入他们的艺术团。

吴团长的肯定，让赵亦静松了口气，也给了她信心。赵亦静虽然从小就喜欢唱歌，后来也在歌厅里唱过，但是从来没有受过专业训练，也没有在正式场合演唱过。她内心渴望歌唱，但是现在这个样子很害怕见人。

吴团长看出了她内心的矛盾，就鼓励她要自信、自强。告诉她说，他们的艺术团有很多残疾人朋友，他们都对生活充满信心，不但可以自立，而且还能够帮助别人。他还鼓励赵亦静去参加电视节目，他说，如果你在电视上给大家分享你的故事，很多人都知道了，他们也不会反复去问你了。而且，电视上几十万、几百万，甚至几千万的人都能看到你，你面对几十人、几个人还怕什么?

　　赵亦静一听，觉得他讲得挺有道理。吴团长还鼓励她在家多练习，说下一次有演出通知她。赵亦静就懵懵懂懂地答应了。在她最苦恼的时候，吴团长给了她信心和勇气，这是她遭遇不幸后的一大转折点。

十六 第一次公益演出，紧张到忘词

> "活出个样来给自己看……"她唱过很多次，以前只是觉得歌词豪迈，有劲儿，可今天，她感觉这些词仿佛就是给她写的。

也许是因为张海迪的缘故，济南市对残疾人事业一直十分重视。张海迪后来成了有影响的作家、翻译家，还担任了中国残疾人联合会主席。

济南市残疾人艺术团也是市残联的下属单位。这个团成立于 1988 年，很早就登上了首都艺术殿堂。2001 年，当时的中国残联主席邓朴方为济南市残疾人事业题词——我的兄弟姐妹。后来，济南市残疾人艺术团就叫"我的兄弟姐妹"艺术团。

当时这个团里有盲人、聋哑人、肢残人和智力残疾人演员 50 余名，可上演剧目达 100 余个。曾参加第二届中国文化艺术节、亚太地区残疾人十年展演，第五、六届中国上海国际文化艺术节等国内外重大文艺演出活动，多次获得国家文化部、民政部和中国残联的奖励，出访过亚洲、欧洲等十多个国家和地区。

2006年7月，在法国巴黎举办的首届聋人舞蹈节中，代表中国参加演出的"我的兄弟姐妹"艺术团，以出色的表演获得了由国际聋人协会颁发的最高荣誉奖杯，为中国残疾人争得了荣誉。

为了办好"我的兄弟姐妹"艺术团，吴哲团长可谓呕心沥血，也取得了很大的成绩。

赵亦静对这位前辈十分尊敬。为了不辜负吴团长的信任，她开始在家里十分认真地练习唱歌——一来可以打发时间，排遣自己的苦闷；二来可以提高自己的演唱水平，提高自信心。

没多久，吴团长真的来通知赵亦静演出了，让她准备参加在济南市长清区举办的一次助残公益活动。

赵亦静十分激动，又兴奋又紧张，这将是她30多年来第一次登上正式的演出舞台，也是她身体受伤后第一次在大庭广众展示自己。她反复跟吴团长沟通，该唱什么歌，怎么唱。最后确定就唱那首《活出个样来给自己看》，因为这首歌赵亦静很喜欢唱，第一次演出肯定要唱一首熟悉的。加上这首歌的内涵非常好，很适合为残疾人朋友加油鼓劲。

演出是在广场上举行的，由"我的兄弟姐妹"艺术团表演，展示残疾人的风采，同时还安排了为残疾人募捐的活动。

那天的声势特别大，偌大的广场站满了人，有两千多观众，其中也包括一些残疾人，连旁边的马路都堵塞了，还出动了公安维持秩序。

虽然这首歌已经唱过无数遍，但是当赵亦静来到现场后还是很紧张。在后台候场的时候，她一直在心里哼唱着，想象着每一个环节如何表现，可以说已经滚瓜烂熟。这时吴团长过来给赵亦静减压，对她说："不用紧张，又不是上央视春晚。你就当是在家里唱歌一样，就算唱不好也没有关系。"

当主持人报出赵亦静的名字，工作人员把她推到舞台中央时，她看到台下黑压压的观众，还有很多公安在维持秩序，一看这架势，大脑瞬间空白。

她努力使自己镇定下来，跟着音乐唱了起来："活出个样来给自己看……"

这首歌她唱过很多次，以前只是觉得歌词豪迈，有劲儿，可今天，她的感触完全不同，这些词仿佛就是给她写的。唱着唱着，台下很多观众都跟着轻声哼唱，她的双眼渐渐湿润了。

第一段刚唱完，台下就响起一片热烈的掌声。这掌声突然打乱了她的节奏，唱第二段的时候，她突然不记得词了，只好跟着音乐哼哼，场面有些尴尬。这让自尊心很强的她感到难堪，紧张得不知如何是好，那个样子真的有点像小姑娘。这时突然看到吴团长站在舞台一侧，正满脸微笑地看着她。看到吴团长丝毫没有生气的样子，她又有了信心，接着往下唱，终于把这首歌唱完了。

下台之后，她看到吴团长有点不好意思，连忙说："对不起，我忘词了。"吴团长对她说："没关系，你唱得很好。就是走调也没关系，以后多唱就会越来越好。"

吴团长真是一位令人尊敬的领导，更是一位懂得残疾人心理的好老师。团长的鼓励，给了赵亦静信心，也让她得到一种力量。

这次演出很成功，现场为残疾人募集了一笔善款。演出完毕，一起吃饭的时候，吴团长又特意与赵亦静做了交流。告诉她怎样才能消除紧张，怎样才能不怕观众，怎么样才能树立起信心。团长要她多参加艺术团的活动，因为这里都是各种各样的残疾人，所以大家都互相尊重，互相帮助，相处得非常融洽。

事实上，吴团长第一次见到赵亦静，对她的印象就非常深刻，听了她唱歌之后，感觉特别好。他接触过很多残疾人，他们除了生理上的障碍，还常常伴有心理上的问题。赵亦静虽然失去了双腿，心态却非常好，性格也很开朗，是一位难得的人才，所以就有意把她推出去。

后来，吴团长还建议赵亦静去参加电视节目，鼓励她进一步寻找自信。这让赵亦静很意外，第一次演出就"砸"了，吴团长不但没有责怪自己，反而鼓励自己去上电视。她问吴团长，更是问自己："我行吗？"吴团长非常坚定地回答："你肯定行！"

十七 初进演播厅，参赛中国达人秀

　　既然命运把她推向了高高的险峰，她也绝不能屈服，要做一名勇敢的舞者，在命运的悬崖上翩翩起舞！

　　加入残疾人艺术团之后，赵亦静接触到团里的很多"同事"。他们的情况都各不相同，有的情况比她更严重，但是大家都习惯了自己的生活，他们乐观、自强。

　　虽然不是专业艺术团体，但是演员们都对艺术精益求精，每次演出都会认真对待，把最好的艺术效果呈现给观众，也展现着残疾人自强不屈的精神。在这里大家很平等，很放松，没有歧视，没有异样的眼光，有的是理解、宽容和互相帮助，互相关爱。从团友们身上，赵亦静进一步找到了自信，也收获了很多快乐，更增添了几分对生活的新希望。

　　如果说李群、吕翊在她遭遇人生最大不幸的时候，给了她最无私的帮助，让她走出了现实的困境，那么吴团长则给了她精神上最大的支持，牵引她走出了心里的阴霾。命运无情地将她打入深渊，却又鬼使神差地给她送来了三个贵人——三个有情有义、无比温暖宽厚的男人。

为了回报吴团长的帮助和期望，她要进一步振作起来，要尽最大努力去迎接未来也许更加残酷的挑战。

无限风光在险峰！既然命运把她推到了高高的悬崖，她就要站在悬崖上眺望远方的风景。她绝不能屈服，要做一名勇敢的舞者，在命运的悬崖上翩翩起舞！

赵亦静因为想学习唱歌而辍学，过早走上社会，由此改变了她的人生。后来走上了经商的道路，与舞台梦渐行渐远。没想到居然还能鬼使神差地走上了舞台。命运真是和自己开了一个大大的玩笑，但看起来似乎又是公平的。

赵亦静从自身经历中感悟出一个道理，后来她经常跟别人分享："如果事与愿违，请相信上天一定另有安排，所有失去的都会以另外一种方式归来，相信自己！"

她觉得这是命运给她残缺人生的一个补偿，因而十分珍惜吴团长给她的机会。无论练习和演出，她都风雨无阻，努力去克服各种困难。几个月后，她的歌唱水平有了明显提高。

有一天，吴团长兴奋地告诉赵亦静：2011年度《中国达人秀》节目来济南选拔了，你敢不敢去试试？

《中国达人秀》是由上海东方卫视创办的一个选秀节目，2010年7月开播。节目的宣传语是"相信梦想，相信奇迹"，当时影响力很大。

听吴团长这么一说，她很意外，也很纠结，甚至有几分害怕。她小的时候，曾经渴望能够站在舞台上放声高歌，但现在真的要她去参加选拔，上电视唱歌，还真的不太敢想。为此，她还特意在网上搜索了一下"达人"的含义，百度的解释是：达人，是指在某一领域非常专业、出类拔萃的人物，即某方面的高手。

吴团长看出她的心思，知道她既担忧，又有几分向往。就激励她说："达人秀里面都是普通人、草根，很多人还不如你。你歌唱得这么好，形象也好，又这么快从阴影中走出来，难道不是达人？你去了，可以激励很多人。怕什么？"

他这么一说，赵亦静想，就算是为了吴团长也要豁出去一回，于是就报了名。

2011年3月，《中国达人秀》济南赛区海选，在济南电视台举行。为了准备这次选拔，吴团长特意安排老师给赵亦静做辅导，最后他们决定这次依旧让她唱那首《活出个样来给自己看》。

比赛那天，由李群开车，吴团长、赵亦静的大哥，还有几个家人一起陪同赵亦静去了济南电视台。进了演播厅，现场有三名评委，都是济南本地的专家。同时还来了很多记者。

轮到赵亦静上场了，这次她没有忘词，一气呵成唱完了。但心里还是紧张，毕竟是第一次参加这样正式的比赛。

"活出个样来给自己看，千难万险脚下踩，啥也难不倒咱……"每次唱起这首歌，赵亦静就感觉浑身是劲儿，她把这首歌唱给自己，就感觉到那个开朗、乐观的赵亦静又回来了。

唱完之后，评委与选手互动，就问到她的腿是什么情况。赵亦静简单地讲了自己的遭遇，现场引起了小小的骚动，很多人都在议论，不少人在点头，对她表示敬佩。

赵亦静从台上下来之后，就有记者过来采访这位特殊选手。一个记者问她，为什么要唱这首歌？赵亦静回答说："这首歌唱的是我的真实心境。因为我从鬼门关里走了一圈，幸运地活下来了。现在既然活着，那我就要活出个样儿来。"

当她从演播室出来，外面的人都对她微笑，向她投去赞赏的目光，有的人还向她竖大拇指。也有人轻声议论，为她惋惜，说她要不是残疾人，以她的条件还真的可以成为明星。最高兴的还是家人和朋友，大家看到她通过歌唱，明显比以前自信了，乐观了，情绪更加饱满了。

过了几天，济南电视台来电话，说赵亦静已经成功晋级，通知她继续参加后面的比赛。当时赵亦静出院才三个月，身体经受重创后还没来得及恢复，脸色都是蜡黄蜡黄的，很是虚弱。这一次唱的时候高音没有完全唱上去，最后没能再晋级。

虽然有点小小的遗憾，但是她并不沮丧。她已经通过这次比赛证明了自己的实力，也看到了希望！而家人、朋友也从比赛当中看到了一个进一步走出阴影、越来越健康、越来越自信的赵亦静！

十八 感动朱丹，圆梦杭州

　　命运就是这么奇怪，一定要以一种失去来换取一份收获吗？一定要打碎许多宝贵的东西，才能重新拾起曾经的梦想？

　　过了一段时间，浙江卫视联系上赵亦静，问她能不能去杭州参加《中国梦想秀》的海选。原来，济南电视台栏目组觉得赵亦静有实力，又有故事。从节目来讲，有卖点；从社会效益来讲，有闪光点，很励志，所以就将她推荐给了浙江卫视《中国梦想秀》栏目。

　　《中国梦想秀》是一档平民圆梦类综艺节目，由当时的浙江卫视"一姐"朱丹和华少两人主持。节目中，朱丹和华少经常会扮演成各种角色，与明星一起帮助普通人去完成他们的梦想。

　　这个节目2011年4月开播，收视率一路走高，在全国很有影响。

赵亦静当时不了解《中国梦想秀》，就说不方便，去不了。对方就说，我们来你家方便吗？赵亦静不好拒绝，就说行。不久，《中国梦想秀》的导演亲自来到赵亦静家里，她还有点难以置信。导演此番亲自前来，其实是暗地里"面试"，看看她的身体和精神状况，是否适合上节目。

经过简单交谈后，导演问她喜欢哪些歌手，她一口气说了很多：王菲、那英、田震、姜育恒，等等。特别是姜育恒，从小就是她的偶像，她喜欢他的成熟与沧桑感，还曾经梦想和他一起演唱。

这时候，导演已经心里有数了。就问她能不能去杭州录制节目，帮助她圆梦，和明星一起唱歌。

圆梦！赵亦静从小就有一个唱歌的梦，她梦想与明星一起唱歌，梦想自己也成为舞台上的明星。时过境迁，她因追求歌唱梦而意外地走上一条创业之路，曾经的明星梦已经渐渐褪色。导演的提问不免激起她沉睡已久却一直潜藏在心底的梦想。难道一个十几岁小女孩的梦想，真的可以在30多岁，折断了翅膀后还能去实现？

命运就是这么奇怪，一定要以一种失去来换取一份收获吗？一定要打碎许多宝贵的东西，才能重新拾起曾经的梦想？

在电视台向她发出邀请，灯光辉煌的演播厅向她敞开怀抱的这一刻，赵亦静发现，她的歌唱梦其实一直埋在心底从未泯灭，她依然向往掌声响起来的时刻。顿时，她的心里涌动着一股暖流。

然而，她的身体还不允许她出远门，这对康复很不利，而且去了也不方便，要麻烦很多人。但是看到导演不远千里特意跑来找她，又不好意思拒绝，她感到左右为难。最后她给导演留下大哥的电话，让电视台和她大哥联系。

导演回去后，浙江卫视方面与赵亦静哥哥进行电话沟通，说要帮她圆梦，同时也向观众传递她坚强、乐观的精神。

大哥知道小妹喜欢歌唱，喜欢舞台，但她是个要强的人，不愿意有些人带着猎奇和同情的心态来看她。大哥想，虽然去杭州很困难，但是对亦静是一种鼓舞，他希望亦静能够大胆地走出去，用自己的行动来树立更多的自信，看到更多的希望。他的想法得到了家人的支持，他接受了浙江卫视的邀请。按照节目规定，由大哥充当亦静的梦想委托人！

2011年9月的一天，《中国梦想秀》栏目组一行来到济南，专程前来为赵亦静录制节目，地点还是在济南电视台演播大厅。

所有参与的人，主持人、工作人员，以及赵亦静的亲属都为此做了充分的准备。只有赵亦静本人一直被蒙在鼓里。节目组为了制造特殊效果，同时也为了减轻赵亦静的心理负担，呈现她更真实的状况，事先和她的家人约定，对赵亦静只说是去接受采访，没有说录制节目。

那天的"采访"约定下午两点钟开始，赵亦静在家人的护送下，提前来到电视台。自从受伤以后，她的心情特别容易急躁，长时间等待让她很难受。两点钟到了，还毫无动静，已经等了近两个小时，她开始烦躁不安，心想这是什么采访呀，要等这么久，当时已经不想录了。

这时大哥就在电视台的安排下把她推进演播厅，抱到早已摆好的一张沙发上坐着。她想"采访"应该开始了，情绪稍稍稳定下来。这时，所有的工作人员都借机离开，偌大的舞台上只留她一个人，一点声音也没有，灯光也比较暗，记者却迟迟没有出现。

赵亦静心里发蒙，坐在沙发上东张西望，正要张嘴喊人的时候，突然从舞台侧面走过来一个身穿电工服的人，说是舞台上的灯坏了，要检修一下。说着就蹲在地上摆弄起那一堆电线来，这里看一下，那里拉一下。一边摆弄，一边还和赵亦静说话。

赵亦静觉得很奇怪：这是从哪冒出来的电工呢？看他手忙脚乱的样子，似乎是个新手。正想着，突然"砰"的一声，"电工"仰面倒在地上——触电了！这可把赵亦静吓坏了，急忙问他怎么了？只见"电工"挣扎着坐了起来，但没坚持一会儿又倒下了。

赵亦静吓坏了，本能地把身子往上伸，想要跳下去救他，可是又起不来，只好探起头向舞台后面张望，一边大喊着"有人吗？"这样探了几次，眼看就要跌落下来。

这时，"电工"突然坐起来，走到沙发前，摘下帽子，露出乱蓬蓬的头发，抬起头来嫣然一笑，对她说："我是《中国梦想秀》的主持人朱丹，我是来帮您圆梦的。我们来邀请你去杭州参加《中国梦想秀》。"

赵亦静非常惊喜："原来你是朱丹！刚才我真的没认出来，'电工'装得太像了。"她这才恍然大悟，原来刚才的一切都是设计好的。

朱丹走过来紧紧抱着她，像是表达歉意，更是安慰和鼓励。赵亦静顿时流下了激动的泪水，对她说："这是我出车祸以来最大的惊喜！"

险峰上的天使

轮椅保险员赵亦静的壮美人生

这一段场景都被暗中拍摄了下来，在后来的节目现场播放。

朱丹告诉她，节目组将帮助她完成一个梦想，邀请她去唱歌，问她想唱什么？赵亦静说想唱《跟往事干杯》。

为什么选择这首歌呢？因为这是她的偶像姜育恒的代表作，一直是她非常喜欢的一首歌。如果说以前只是喜欢这首歌动人的旋律和丰富的内涵，现在经过了这么多的沧桑，对这首歌有了更真切的理解——"跟往事干杯"代表了自己现在的心情，她要和从前有腿的时光做真正的告别，开始新生活。同时也用歌声支持自己，证明自己。她觉得通过歌声可以安抚更多残疾人，给他们带去力量！

十九 中国梦想秀，与偶像姜育恒合唱

演播大厅回荡着伤感而又铿锵的声音，仿佛为她举行一个与往事干杯、向过去告别的庄严仪式。此刻她已化茧成蝶，让生命美丽蜕变！

2011 年 10 月 15 日晚，浙江卫视《中国梦想秀》节目，舞台大屏幕上闪过一张张青春靓丽的照片，向观众诉说着这样一个圆梦故事：

"治疗期间，家里人为了给她治病把积蓄用光。兰兰为了赚钱补贴家用，也曾萌生以唱歌补贴家用的念头，但是身体上的缺陷致使她屡屡被拒之门外。而今，唱歌没能成为她谋生的手段，却是她心灵的慰藉，通过唱歌能让她感受生活的快乐与希望。"

节目现场和电视机前，许多观众流下了感动的泪水。

节目录制前，在浙江卫视的安排下，赵亦静由保姆陪护，从济南飞赴杭州。这是她遭遇车祸后第一次出远门，一路上，两人的辛苦可想而知。保姆为了照顾她，又是抱，又是背，累得满头大汗。但是想到是去参加浙江卫视的节目，她又很兴奋，而且有一种神圣的感觉，似乎自己是在保卫一位"大人物"，也就不觉得累了。

赵亦静看到自己连累了她，感到很过意不去。在心里轻轻叹了口气，感慨人生真是无常。自己曾经是个活蹦乱跳的人，现在变成了这个样子。一个人失去了健康，不仅身体上带来无穷无尽的痛苦，生活和经济也陷入困境。

如果能够预测未来，一定会更加用心地生活，关注健康。一定会及早为自己和家人买上好几份保险。虽然保险不能避免发生意外事故，但是一旦遭遇不测，不至于造成经济困难，苦了自己，连累家人。

好在在亲朋好友的帮助下，亦静终于振作起来，开始了新的生活。走上舞台曾经是她早已远去的梦想，可今天这梦想离她越来越近了。

为了这次"圆梦"行动，吴团长又专门找来专家对赵亦静进行指导，她为此付出了艰辛的努力。节目录制前，她的大哥、大姐也以圆梦委托人的身份来到杭州。

抵达杭州后，节目组安排浙江卫视音乐总监陈国华老师和赵亦静配唱，说是还在联系姜育恒，能不能来还不确定。

她听了心里有些失落，但也能理解，姜育恒一定特别忙，这又是个公益节目，没有报酬。后来她就跟陈国华练习，也不好意思问姜育恒的事，心想他肯定不会来了。

正式录制那天，赵亦静特意穿了一件红色的衣服，显得比较喜庆。

这一期节目一共有五个圆梦故事，赵亦静被安排在最后，可能因为她的故事最感人、最励志。

舞台上在演绎别人故事的时候，赵亦静在后台一直心潮起伏，脑海里一遍又一遍回放着彩排的过程。终于，大屏幕开始播放朱丹装电工与赵亦静互动的那段视频，这时候舞台中央巨大的活动墙打开了，导演做了一个开始的手势，大哥和大姐就推着赵亦静的轮椅往舞台上走。那几米长的路程，她既激动又紧张。

朱丹向现场观众介绍说："这位是赵亦静，她虽然高位截瘫，但是她依然年轻、漂亮、坚强。"轮椅适时地停在舞台中间，聚光灯打过来，主持人让赵亦静向观众打招呼，她反而平静下来。

在节目互动过程中，两位主持人一左一右一直蹲在地上和她说话。赵亦静特别感谢了她的亲人，在她出事之后对她不离不弃，是他们无私的爱让自己坚强地活了下来。大姐站在轮椅后一直在流泪，台下的许多观众也流下了感动的泪水。

赵亦静讲完这些，要开始唱歌了，这时华少过来问她："你知道这次和你一起唱歌的是谁吗？"赵亦静说："是陈国华老师呀。"华少神秘一笑说："不，今天和你一起演唱的，是这首歌的原唱——姜育恒老师！"

赵亦静一下子愣住了，有点不敢相信地扭头往旁边看，这时，

险峰上的天使

轮椅保险员赵亦静的壮美人生

姜育恒大步流星地从舞台后面走过来，站到赵亦静身边。赵亦静这才回过神来，原来浙江卫视又成功地"骗"了她一次——直到最后一刻姜育恒才现身。这是一个巨大的惊喜，真是太意外了，没想到自己真能和心中的偶像一起同台演唱。

因为赵亦静很喜欢姜育恒，甚至曾梦想与姜育恒同台演唱，节目组就努力帮助她圆梦，几经周折终于联系到姜育恒。姜育恒在听了赵亦静的故事后，深为感动，也很敬佩。不计报酬推掉了重要演出，飞到杭州来与赵亦静一起演唱。只是为了制造舞台效果，栏目组一直对赵亦静本人保密。

这时候，姜育恒俯下身来紧紧地抱住赵亦静，表达对赵亦静的敬佩和祝福，赵亦静激动得热泪盈眶，全场气氛达到了高潮。

这时《跟往事干杯》的音乐响起，主持人和大哥、大姐悄然退下，台上只留下了姜育恒和赵亦静，还有他们动人的歌声——

经过了许多事，

你是不是觉得累？

这样的心情，

我曾有过几回。

也许是被人伤了心，

也许是无人可了解，

现在的你我想一定很疲惫。

人生际遇就像酒，

有的苦，有的烈。

这样的滋味，

你我早晚要体会。

也许那伤口还流着血，

也许那眼角还有泪，

现在的你让我陪你喝一杯。

……

伴随着动人的音乐，大屏幕上播放着赵亦静以前的照片，修长的身材，靓丽的面容，灿烂的笑靥。她望着过去的自己，回想那青春美丽的花季，她泪流满面。

干杯，朋友！

就让那一切成流水，

把那往事，

把那往事当作一场宿醉，

明日的酒杯莫再要装着昨天的伤悲。

请与我举起杯，

跟往事干杯！

凄婉的歌声仿佛流尽了所有的苦痛和伤悲，真的要与以前告别了，放下过去，接受现在的自己，重新开始生活！

这个过程中，姜育恒一直跟着她的节奏合唱，让赵亦静成为这首歌的主角。一曲终了，姜育恒还站在轮椅旁边，用右手紧紧地握着赵亦静的左手，几乎没有松动过，场面十分温馨感人。他愿意用歌声激励她去完成重生与蜕变！

姜育恒十分动情地对她说："你是一个很伟大的人，我发自内心地佩服你，你把发生在你身上不幸的事情，都转化成正能量，你真的很了不起。"说完又蹲下拥抱了赵亦静。赵亦静也紧紧拥抱了自己的偶像，一边说着谢谢，一边流下了幸福的眼泪。

泪光中，那个曾经的自己越来越模糊。这一刻，她的心情正如她要演唱的这首歌一样，命运总是别无选择，但是你可以接纳所有的不幸，与过去和解，与往事干杯，以最优美的姿态迎接新的美好的生活！

这时候主持人华少走过来说："梦想秀还有一个惊喜给你！"

"还有惊喜？"赵亦静一回头，发现从舞台后面走上来一群人，有她的三位好朋友，有中心医院的主治医师，中间还有个小不点，正是她的宝贝女儿晓希。真是惊喜连连。没想到为了给自己圆梦，这么多人都来帮助她、配合她。赵亦静发自内心地感谢浙江卫视精心为她安排的这一切。

主任医生讲述了赵亦静在医院的坚强表现，三位闺蜜对赵亦静说："我们就是你的腿。"赵亦静眼含热泪，把三岁多的晓希抱在怀里。此刻，她觉得自己是世界上最幸福的人！

而这一切，并不是上帝的恩赐，而是命运对她的坚强给以的爱的回报。赵亦静的故事感动了现场和电视机前无数的观众，许多人知道了有一位来自张海迪家乡的美丽妈妈，她那平凡的身躯遭受了炼狱般的痛苦，却用伟大的母爱树起了生命的丰碑，也激励着许多人在逆境中前行！

第五章 化茧成蝶

此刻，灯光辉煌的演播大厅，回荡着她伤感而又铿锵的声音，仿佛为她举行一个与往事干杯、向过去告别的庄严仪式，也仿佛是她在大庭广众之下发出的宣言：今晚，她已化茧成蝶，让生命美丽蜕变！

险峰上的天使

轮椅保险员赵亦静的壮美人生

第六章　长天让路

《长天让开一条路》

我总是这样想——
雁的祖先不会飞翔?
像鸡，像鸭，
也许和企鹅相仿?
命运给了它一次重创，
又给了它一双拐杖。
拐杖生根了，
扎进血肉，
慢慢长成硕大的翅膀。

南方，北方，
情浓处都是故乡。
若不是揣一颗归心，
怎么会岁岁年年?
飞越两个八千里，

嘎嘎嘎，
雁鸣三声，
长天让开一条路！

二十 一份生计，寒冬街头的粥摊

哪怕她成了个不大不小的"名人"，却一直没有固定的经济来源。当她通过歌声鼓舞别人的时候，其实也在激励自己坚强地走下去。

在家人和朋友的鼓励下，赵亦静逐渐从阴霾中走出来，从歌声中找回了自信。平时她在家就练歌，然后跟残联的朋友外出表演，她站在舞台上就充满了自信。她还会做一些公益事，包括社区里的活动她也积极报名参加。她发现，自己虽然是一个残疾人，但是这个世界同样为自己留了一方舞台，甚至还可以通过演出为别的残疾人进行募捐，帮助别人，同时体现了自己的价值。

现在她的心态也变了，面对别人看她的眼神，她当作是鼓励和支持，她的心理阴影慢慢消失了，可以很坦然地出门了。

当她坐着轮椅上台阶、过坑、打车的时候，时不时都有一些不认识的人过来帮她。买菜的时候，卖菜的大嫂替她挑好菜，打好包递到她手里。这些点点滴滴都温暖着她的心。

除了义演，我的兄弟姐妹艺术团偶尔有一两场商业演出，多半是企业赞助的，但是机会很少，报酬也很低。这些演出虽然给她带来了一些荣誉和自信，但是解决不了她的生活问题。因为赔偿迟迟没有到位，她还欠了别人 30 万。

现实是如此残酷。哪怕她已经上过多次电视，成了个不大不小的"名人"，但是一直没有固定的经济来源，同时还需要后续的医疗费，钱从哪里来？为了减轻父亲和哥哥姐姐们的负担，赵亦静想着要走出去赚钱谋生。她想，我没有了腿，但是还有一双手，至少我智力没有问题。想来想去，唯一能做的大概只有唱歌了。她想过去街头卖唱，以她的形象和歌声，每天总能赚到一些钱吧。但是她的想法遭到了家人反对：第一，在街头卖唱风吹日晒非常辛苦，对她的身体也不好；第二，他们不想让亦静的自尊受到伤害。

后来，家人按照有关规定给她去政府申请低保。赵亦静心里是不愿意的。自己曾经的日子那么风生水起，让人羡慕，今天却成了社会的负担，要吃政府的"低保"，心里实在接受不了。但是也没有办法，必须先渡过眼前的难关，哪怕能减轻一点家人的负担也好。但是低保只有很少的一点补助，根本不能解决母女俩的生活问题。

济南市残联、历城区残联都很关心她，有意安排她到残联工作，她进去之后成了基层残疾人工作者。这份工作有五险一金，每月有一千多的工资，属于当地最低工资标准。残联是残疾人的娘家，虽然工资不高，但是毕竟有个保障，以后还可以涨工资。同时，通过自己的劳动去为更多的残疾人服务，也是一种乐趣。

赵亦静想了想，最后还是谢绝了这份好意。她说原来一直是自己干，不太习惯上班的工作。其实最主要的原因，是这份工作不能满足她的经济需求。因为她是一个单身妈妈，要一个人养活两个人。虽然哥哥姐姐们会帮她，但晓希毕竟是自己的孩子，她要尽养育的责任，同时也要让晓希自尊、自强。当她通过歌声鼓舞别人的时候，其实也在激励自己坚强地走下去。

有一天，好朋友小刘来家里看她，她知道赵亦静想找点事干，就对她说，现在天气冷，小区门口热气腾腾的粥生意挺不错。

赵亦静平时就喜欢喝粥，经常自己在家煮粥，听她这么一说，突然眼前一亮：卖粥比较简单，坐着就可以干，也不要多少资金。而且她发现周边的早餐市场卖粥的比较少，味道也不太好，通过做放心粥可以回报社会。但是卖粥要量大、品种多，还要搬来搬去，可不像在家里煮粥这么简单。亦静想了想说，"我进不了货。"

小刘说："要不咱俩干？我负责进货，你负责卖，怎么样？"亦静听她这么说，没有理由拒绝。一来难得遇到这么合适的事，二来难得有小刘这么好的合作者。经过打听，他们终于找到一个做粥的批发商，就决定去那儿进货。当然不只是粥，还有豆浆。只是离得比较远，要从城东到城西。

别人卖粥，是从一个大桶里舀出来，然后装到塑料杯里进行封口。但是赵亦静坐在轮椅上，不能太弯腰，更无法站起来，所以不管粥桶放在地上还是橱台上，都够不着。后来她们琢磨出一个特别的办法——把粥装在一个个暖水瓶里，卖的时候就提着暖水瓶往外倒。但是这样一来，从粥锅往暖水瓶里倒的时候却很麻烦，因为瓶口很小，粥又烫，而且增加了一道工序，浪费时间。想来想去，她们又想出一个办法：进货的时候直接用暖水瓶去装。

但是新的麻烦又来了，几十个暖水瓶放在车上晃晃荡荡既不方便也不安全，只能又想了个办法：把暖水瓶装在周转箱里，像装啤酒那样，一个周转箱能装六个暖水瓶，外面贴上标签：八宝粥、小米粥、皮蛋粥……总算解决了进货问题。

进货十分辛苦。早上天还没亮，小刘就被闹钟催醒，开着她的车从济南的东头一直驶到西头，不堵车的话也得 40 来分钟。到了之后，她把车上的周转箱一个个搬下来，取出暖水瓶一个个灌满粥，再装进周转箱，又艰难地搬到汽车后备厢里，然后自己开车回去。一路上又累又冷，一个来回至少两个小时，回来时已经是五六点钟了。然后她又帮赵亦静把卖粥车推到对面的汽车站，把东西摆放好开卖。

赵亦静家的对面就是一个汽车站，客流量比较大。但是那里是大马路，又正在风口上，冬天非常冷，这对赵亦静的身体非常不利。而且那个地方不允许摆摊，城管经常会过来撵人。为了能够多卖些粥，赵亦静也顾不得那么多了，决定就摆到那里。

著名作家老舍在他的散文名篇《济南的冬天》里，把济南的冬天描绘得很"温情"，但是现实中的冬天并没有那么浪漫，阳光、寒风和冰雪都是冬日里交错的风景。对于赶大早站在街边谋生的人来说，那一份艰辛是旁人很难体会的，而一位失去了双腿的女人还要日复一日如此这般，其痛楚更是难以用笔墨来描述的。

　　每天早上，赵亦静把身体包在厚厚的冬衣下面，端坐在轮椅上，向过往的行人卖粥。一个暖瓶大约能装七杯粥，一杯粥卖两块钱。粥的成本要六七毛钱，加上杯子和吸管，差不多一块钱。算上其他成本，一杯粥的利润还不到一块钱。

　　卖早餐粥就是两个来小时的工夫，高峰期会手忙脚乱，不能停歇，正常人下来都会感到累，何况赵亦静。动作既不能慢，也不能快，慢了弄不过来，大冷天的顾客等着不耐烦，快了就可能失去重心而摔倒。

　　有一次，好几位顾客排着队等买粥，因为天很冷，有的顾客不知道她的情况，不耐烦地一直催。她一急，身子一侧连人带轮椅翻倒在地，手里的暖瓶也打翻了，热气腾腾的粥洒了一地，非常狼狈。站在摊外的顾客赶紧跑进去，这才有人发现她完全没有腿，几个人小心翼翼地把她抬起来，扶回轮椅上。她连忙说："对不起，没坐稳。谢谢你们！"

　　顾客对她又怜悯又敬佩，友善地说："不急，不急，坐稳了。"后来她总是特别小心，又怕顾客等得急，经常一边装粥一边主动解释："麻烦稍等一下，不是很方便。"

　　天一冷，她的伤口本来就疼。这样忙活一早上下来，双腿钻心地疼，回去还要轻轻揉半天才能恢复。当大家拿出两块钱喝到香甜可口的热粥时，可曾体会到一个残疾人靠劳动自食其力的艰难与痛苦？

　　有时候她父亲会过来帮她一把，但是父亲年龄也大了，本来身体就不好，赵亦静怕老人家一大早在寒风中伤着身体，总是劝他不要来。

当发现一位如此美丽的少妇，居然用半截身子蹲在轮子上，有的人在心里同情，有的人感到惋惜，有的带着一丝好奇反复地打量她，偶尔也有人会忍不住问这问那。她不理睬显得不礼貌，况且人家也可能是出于好心，而回答一次就是在伤口上扎一次，让她想起那次进超市的情景。

后来，她干脆在摊点上挂了一个牌子，上面写着：2010 年 8 月 22 日晚，突遭横祸，一辆违章满载水泥的货车从因低血糖而晕倒在地的我的身上压了过去，当晚双腿高位截肢。

她不想展示自己的悲惨遭遇，更不想以这种方式去博取别人的同情，只想不用再反复向人解释。现在她的人生亦是如此。一眼看上去漂亮精致，往下看却是残缺不全。命运是如此弄人，当她还是个花季少女的时候，就开起了快餐店，成为一个风风火火的小老板。后来开"水煮鱼小炒房"，她更是成为精明强干、八面玲珑的"阿庆嫂"，事业风生水起，生活春风得意。可是这一切就在一瞬间来了个反转。即便如此，她依然是一名轮椅上美丽的"粥西施"。

这块牌子引起了行人更多的关注，附近居民渐渐知道了有一位年轻美貌坐着轮椅的"粥西施"，都愿意来这里买一杯粥。

有一位好心的老妈妈，看见这么漂亮的闺女没有了双腿，大冷的天坐在外面卖粥，很同情她，买了一杯粥给了一百块钱，硬是不收找零。赵亦静记住了那些善良的人、好心的人，那些帮助和支持她的人。虽然只是一杯小小的粥，里面却盛着无限温暖！

二十一 凡人善举，小摊边的大爱

谁也无法预知未来，意外和风险可能降临在任何人的头上。除了珍惜生命，一定要及早做好财务规划，以便在风险来临时，将损失降到最低限度。

有一天早上，赵亦静正在卖粥。附近的小摊贩突然收起东西撒腿就跑，边跑边互相传递信息"城管过来了"。赵亦静没法跑，只能听天由命了。城管过来大声问她："你怎么还不走？"还算文明执法，先劝告，没有直接搬东西。赵亦静回答："我走不了。"城管说："走不了我给你推进去。"她说："那你过来帮我推推吧。"城管走近一看，才发现她坐在轮椅上。

看到赵亦静的特殊情况，城管也不好为难她，后来就睁一只眼，闭一只眼。但是老这样也不是办法，有的商贩会拿赵亦静说事，为什么她可以摆，我不能摆？没有文件规定残疾人可以摆摊，正常人不能摆。

后来城管找到赵亦静说："你情况特殊，我们不想为难你，但你也别让我们为难，你去政府打个申请，给予照顾。"赵亦静只好找市残联出面，给城管部门打了申请，特批她可以卖到上午九点半，这才算相安无事。

可后来，不知道是不是城管部门换了领导，摆到九点半也不准了。不过执法人员知道她的情况，依然是睁只眼闭只眼，每次来执法的时候都对她说："抓紧收了，收了。"做做样子，也没有把她怎么样。到了九点半她就主动收摊，这时候一般也没人买了，有时候还会剩下不少，也就浪费了。

这样一天下来，大概能卖两百来杯粥，有一百多块钱利润。第一个月下来，挣了 3 000 多块钱。这在以前根本不值一提，有时候一天净利润都不止这么多，而现在 3 000 多块钱对于赵亦静来说是多么宝贵。这是每天起早贪黑，蹲在轮椅上吹几个小时寒风换来的。

做了十多年生意，现在她才真正感觉到赚钱是多么艰难，体会到一句老话——"赚钱犹如针挑土"，后面还有一句——"花钱好比水推沙"。人在有钱的时候常常不会珍惜，甚至也没有防范风险的意识。其实任何人都无法预知未来，意外和风险可能在任何时刻降临在任何人的头上。除了珍惜生命，尽量避免生活中的风险，还要及早做好财务上的规划，以便在风险来临时有能力应对，将损失降到最低限度。

然而在那个时候，每天能够赚到一些钱，解决了生活问题，不让自己成为家人的负担，还是让她十分欣慰的。每捧出去一杯热粥，她心里就多一分温暖。

自从出车祸之后，赵亦静的伤口就一直疼痛，医学上称为"残肢痛"，实际上是一种神经痛，时轻时重，时急时缓，疼起来就像电击一样痛苦。天气一冷就更明显，也不能久坐，坐久了就要躺下揉一揉。现在每天要在寒风中连续坐几个小时，疼痛就便一直伴随着她，她只有咬牙坚持着。在她平静的表情下，在对顾客的微笑里，忍受着多少不为人察觉的痛苦。

坚强的她就用这种忙碌分散注意力，来减轻痛苦。但是时间越长就越痛，形成了恶性循环。有时候疼得实在顶不住了，就叫父亲帮她看一会儿摊，自己去医院打止痛针。

李群、吕翊看着赵亦静实在遭罪，不想让她这么赚钱，便苦苦地寻思对策，想找一个更好的办法帮助她。他俩是开公司的，比较有商业头脑，两人多次合计，后来就建议赵亦静从卖粥转为生产粥，自己加工，批发给别人去卖，这样量大利润高，也不用自己去街上受罪。

李群分析，熬一锅粥和熬十锅粥，除了原材料之外成本是差不多的，熬得越多，成本摊下来就越低。而一条街上可以开几家卖粥店，只要量大，收入就会可观，这样就形成了一个产业。

赵亦静觉得有道理，但是有两个难题：一是技术，二是资金。熬粥看起来很简单，可是真做起来并不那么容易，得有场地，有设备，要人工，而且粥有很多品种，要进各种原料。这都需要资金，赵亦静拿不出钱来，但是又不好明说，她是一个要强的人。

李群看出了她的心思，告诉她资金不用愁，他和吕翊做了下预算，都已经想好了。最后他们一人拿出五万块钱，总共十万元交给赵亦静，怕她不肯收，就说是入股。其实他们根本没打算要回去，也没指望分红。

面对两位大哥的解囊相助，赵亦静有点进退两难。李群说："你千万别多想，咱们谁跟谁啊，我们哥俩现在能帮到你也是幸运，等以后你好了，也有机会帮到你哥。"亦静想，今生能够遇到李哥、吕哥，真是人生之大幸。她暗下决心，无论遇到任何困难，一定不放弃。他们无私的帮助，支撑着她在这条曲折的人生路上艰难地走下去。

批发粥的师傅听小刘说要来学加工粥，起初不愿意。虽然他同情赵亦静，但是也不想把客户变成竞争对手。小刘告诉他是李哥、吕哥无私援助的资金，他们是两位大好人。并且向他保证，她们只在自己的小区附近做，也不方便去其他地方，一个在城东，一个在城西，不会抢他的生意。师傅一听，对赵亦静和李群、吕翊都非常敬佩，就答应了。本来要一万多块钱的技术转让费，最后只收了八千块。

赵亦静很开心，不顾身体状况，一定要亲自去学熬粥。为了尽快掌握熬粥技术，她拿着一个本子，非常认真地记录师傅的话：这个红豆小米粥多少配比，这个皮蛋瘦肉粥先放什么后放什么，什么时候放，最后怎么一杯一杯封口……她都一一记下来。

回去之后，赵亦静还亲自上阵。当过十多年老板的赵亦静，此刻却像一名即将上岗的新工人，怀着兴奋而又诚恳的心情，坐着轮椅靠在灶台边非常认真，反反复复演练着各种操作技术，最后都一一掌握了。

北方的冬夜非常寒冷，赵亦静光想着学习，一直守在火炉边。

由于熬粥使用的是蜂窝煤，她出现了头晕、恶心等症状，才发现原来是轻度煤气中毒，现在想想都后怕！

有好多次，她都累得想放弃，但是又一次次咬着牙坚持下来，既然命运给自己这样的安排，就必须接受。她要活下去，注定每天都要忍受很多辛劳和痛苦。只有咬牙挺住，晓希才是一个有妈的孩子，才有一个健全的人生。每当她感到痛苦难忍的时候，她就想到晓希，想想孩子的将来。

当然还有她的父亲、哥哥、姐姐。她们的家庭关系很复杂，但是当她出事以后，所有的亲人都没有离弃她，而是对她悉心呵护。为了救她，为了鼓励她活下去，大家庭的关系反而更加紧密，齐心协力。

更加幸运的是，她还多了几位和亲人一样的大哥。李群、吕翊、曲哥，还有吴团长，他们都是上帝派到她身边的天使。还有很多好友，都给了她很多关怀和帮助。

患难与共的朋友，才是真正的朋友。有的人平时看起来常来常往，可是一旦对方遭遇困难，就敬而远之，甚至不相往来了。

李群他们几位与赵亦静以前并没有深交，更没有利益往来，但性情相投，也算是一种缘分。这种缘分反而是在赵亦静遭遇不幸之后转化成了深厚的友情，明知没有任何利益和回报，他们却像对待自己的亲妹妹一样，不仅给了她物质上极大的帮助，更给了她精神上巨大的支持。

这金子般的情谊，让赵亦静于苦难中感觉到温暖，于黑暗中看到了光明。她常常很矛盾，时常陷入对未来的迷茫，时常又感觉到自己很幸运，生活中失去的，命运又以这样一种方式回馈给她，让她感觉未来仍然有希望。

　　患难之中有几位这样的好大哥，也是她为人处世的必然结果。因为她待人真诚，豪爽义气，才收获了许多真挚的友情。想到这些好人，她也就有了无穷的力量，痛苦也减轻了——为了他们，为了自己，一定要勇敢地活着，坚强地走下去！

险峰上的天使

轮椅保险员赵亦静的壮美人生

二十二 自创品牌，"兰兰"粥温暖泉城

她不仅可以靠自己的力量养活自己、抚养孩子，还可以帮助残友就业，甚至成为激励别人的榜样。自己不是社会的负担，而是社会的正能量！

赵亦静在她租住的房间后面，又租了一间房，开始从"粥西施"向"粥老板"转型。

除了她和小刘，还有一个老大哥也加入进来和她们一起干。亦静另外又雇了几个人熬粥、做豆浆。每天凌晨一点钟就得开工，一直到晚上四五点钟才结束。

他们加工的粥和豆浆品种很多，有绿豆小米粥、滋补黑米粥、金丝南瓜粥、皮蛋瘦肉粥、银耳莲子粥、红枣八宝粥……豆浆有燕麦的、五谷的、红枣的、黑米的、花生的、玉米的、绿豆的、黑芝麻豆浆……很少有一个早餐摊会有这么多丰富的粥和豆浆。

赵亦静的生意比以前好了很多，利润也提高了，后来陆续在附近开了好几个点。再后来不但自己卖，同时还做批发，收入不断增加。众人拾柴火焰高，在大家的帮助下，赵亦静初步走出了困境。

李群、吕翊从赵亦静的粥生意中看到了希望，他们觉得，这个生意可以帮助更多残疾人就业，因为卖粥这个活残疾人基本都能做。于是又碰撞出一个新的想法：专门招一些残疾人来加盟，有资金的就批发给他们自己去卖，没资金的就让他们来店里卖粥，给他们发工资。

这个事业真是无比美好，既扩大了销量，还能帮助更多残疾人就业，为社会做贡献！

大家想想都热血沸腾，觉得可以干。但是这样做有个前提，必须正式注册一个商标，把它做成品牌。注册商标，起个什么名字好呢？想来想去，最后觉得就用赵亦静的小名"兰兰"，叫"兰兰粥"感觉很亲切，定位很好，就这么定了。

接着，李群和吕翊非常有创意地用赵亦静的头像轮廓设计了"兰兰粥"的商标，有点类似老干妈，更像是一位"粥西施"，大家都觉得很有趣。赵亦静开玩笑说，你俩就是上帝专门派来"整治"我的，啥都想得出来，这完全打的是个人品牌啊。无形中，也给了赵亦静很大的压力。

"兰兰粥"向残疾人敞开了怀抱：只要愿意干的，就给他配车，让他自己去卖。为了方便残疾人卖粥，还特意为他们设计了专用卖粥车。

"兰兰粥"中卖得比较好的是八宝粥、皮蛋粥、南瓜小米粥、银耳莲子粥，还有豆浆。生意好的时候一个早上能卖到300多杯，差的时候100多杯，平均下来一天有200多杯，可以赚到两百来块钱。

后来，很多人都知道了"兰兰粥"，知道了"兰兰"的不幸遭遇和自强不息的创业故事，当地媒体闻讯前来采访，做过多次报道。更多人又通过媒体慕名而来买一杯热腾腾、香喷喷的"兰兰粥"，有的就为了看她一眼。很多家长对孩子说，看这位阿姨多坚强，要好好向她学习。

每当听到这些赞美，赵亦静都发自内心地感到欣慰，仿佛减轻了一分疼痛，多了几分自豪。现在她可以靠自己的力量养活自己、抚养孩子了，还可以帮助残友们就业，甚至成为激励别人的榜样。她不是社会的负担，而是社会的正能量！

做生意就会有竞争。由于赵亦静是社区的老住户，朋友、熟人都会照顾她的生意。加上媒体宣传，很多人都来她这里买粥。当时附近有一个卖豆浆的，看到赵亦静生意比他好，眼红，就开始降价，本来两块钱一杯的豆浆，他卖一块五。面对恶性竞争，"兰兰粥"只能奉陪，也把豆浆卖到一块五，小生意本来利润就很薄，这一降价基本上就不赚钱了。

赵亦静琢磨，这样下去不行，后来她就想了一个办法——卖现磨豆浆。现磨豆浆口感好，干净卫生，大家都看得见，更受消费者欢迎。但是现磨豆浆怕停电，她就找到电力公司，公司领导挺不错，算照顾她，专门给她安上了电表。现磨豆浆还是卖两块钱一杯，所以卖得很好。那个人的豆浆慢慢就卖不动了，不久他就自己搬走了。

后来粥生意很好，不仅有直营店，还有三个批发点，总共有七八名员工。有负责采购的，有晚上负责熬粥的，有负责在摊位上售卖的。

除了粥和豆浆之外，还顺带摆一些饮料，很多年轻人喜欢。因为品种多、品质好，路过的上班族，早起的老年人都顺便带上一两份，生意还真不错。

在李群、吕翊的策划和直接参与下，"兰兰粥"打开了销路，开始赚了一些钱。赵亦静的经济条件有所改善，自从她出车祸后，似乎从来没这么舒心过。更重要的是，"兰兰粥"的经营让她看到了更多希望，她又一次做回了"老板"，而且还帮助了更多残疾人朋友，让她看到了自己的价值。

李群、吕翊作为投资人和名义上的股东，从未拿过一分钱利益。他们想把"兰兰粥"一点一点地做大，但是却遇到了现实的难题。当时"兰兰粥"开了好几个点，等于是一个小连锁店，熬粥的、卖粥的有好几名员工，要想做大，就要养着这些员工。可卖粥毕竟是个小生意，要养几名员工就基本没有钱赚了。没有利润，就很难维持。

另一方面，卖粥有很强的季节性。冬天一过，天气暖和了，买粥的人就明显少了。只能改为卖饮料为主，卖的主要是酸梅汁和橙汁。从开饭店到摆小摊，赵亦静在竞争中积累了丰富的经验，她更加坚信，哪怕卖再小的东西，也一定要做到最好，所以她要求饮料的品质一定要好，这样就增加了成本。

这样卖粥卖了一年多。当时很多地方邀请赵亦静去演出，从残疾人艺术团到省、市电视台，各地卫视，直到中央台……

她经常在街头摆摊的"粥西施"和舞台上的"歌手"之间切换，真有点无所适从。最主要的还是忙不过来，她的身体不允许太操劳，又没有合适的人来全盘接手。后来家人和朋友商量，只好把粥铺转让出去。

"兰兰粥"在泉城留下了一段佳话。赵亦静把卖粥用的暖水瓶，堆放在自己租住的房子后院里，一直到现在。那是一段既辛酸而又暖心的记忆！

二十三 新朋老友，患难见真情

人因为各种遭遇和变故，可能失去很多——金钱、亲情、朋友、梦想，等等。也可能遭遇了不幸之后，又收获了很多，寻找回来一个新的世界。

赵亦静经过几次在电视上露脸，结识了许多导演、明星，也被很多嘉宾和观众记住了。许多嘉宾都鼓励她继续唱歌，坚强地走下去，把孩子培养好。许多观众记住了人美歌甜的赵亦静，为她的遭遇叹息，更为她伟大的母爱和乐观坚强的精神所感动。

在济南，从文艺圈开始，赵亦静渐渐有了一定的知名度。通过不断地走上舞台，她变得更加开朗、自信，不再像以前那样关在家里不敢出门。走在外面，偶尔有人认出来，会主动跟她打招呼："你就是赵亦静吧，我看过你的节目。"然后纷纷表示对她的敬佩和鼓励。

做生意的时候，赵亦静经常跟朋友聚会，请客吃饭。出车祸以后，就很少请客了，一来经济条件不允许，二来她不想让大家看见自己现在的样子，不想给人家添麻烦，让人家为她担心、难过，或者给她一份同情。

后来的事实证明，正是因为走出去了，接触到很多人，才有了后来那么多的幸运，也重拾了对生活的信心。她又开始请客聚会。大家都很喜欢她，纷纷过来帮她。她感觉到，虽然自己经历了很多磨难，但她也是幸运的，在遇到困难的时候，有很多人来帮助自己。

她发自内心地感谢吴团长，也特别尊敬他，感觉他就是自己的知音，甚至比家人还要理解她。吴团长不但圆了自己孩提时代的"明星梦"，更让她找回了心中的阳光，她可以像别人一样说说笑笑，挺胸抬头。

在吴团长眼里，赵亦静很聪明、悟性高，给她讲解一些要领她马上就能领会，每一次登台都有很好的表现。舞台给了她很大的信心，每一次演出对她都是一种激励。一登上舞台她就有了强大的气场，好像台上有成百上千人。以至后来她又去演讲，也是越讲越自信。

有一次，吴团长遇到山东籍的著名诗人桑恒昌。这位诗人来头可不小，他是中国作家协会会员，中国诗歌学会副秘书长，曾经担任《山东文学》诗歌编辑、《黄河诗报》社长兼主编。他发表了很多诗歌，涉及人生和社会的方方面面，在诗歌爱好者中很有影响。

听吴团长介绍了赵亦静的事迹，这位见多识广、饱经沧桑的老诗人十分感动，也十分敬佩。他文思如泉涌，当即为赵亦静写了一首诗，叫《长天让开一条路》。

我总是这样想——

雁的祖先不会飞翔？

像鸡，像鸭，

也许和企鹅相仿？

命运给了它一次重创，

又给了它一双拐杖。

拐杖生根了，

扎进血肉，

慢慢长成硕大的翅膀。

南方，北方，

情浓处都是故乡。

若不是揣一颗归心，

怎么会岁岁年年？

飞越两个八千里，

嘎嘎嘎，

雁鸣三声，

长天让开一条路！

后来，吴团长把这首诗转给赵亦静，赵亦静十分感动。她虽然不是很懂诗，但是能从中感觉到诗人把她的伤痛化作了力量，让她看到了更多的希望。她把这首诗精心收藏着，作为对自己的鼓励。当她感到痛苦的时候，就会用这首诗来激励自己。她仿佛看到这首诗的后面，有无数双手在推着自己前行，有无数双眼睛向她投来关切、鼓励的目光。她不能消沉，也不能停步。

现实生活虽然没有文艺作品描绘得那么浪漫，但是却可以从作品中获取更多力量。自从赵亦静遭遇车祸之后，也确实有了很多意想不到的收获，得到了许多人的帮助，才让她能够重新站立起来。李群和吕翊两位大哥认识时间最长，虽然之前并没有特别的交情，但是在她最困难的时候，给了她兄长般的关怀，还有物质上的无私资助。他们为她买电动车；投资十万元帮她开粥店；又给她出主意，创办"兰兰粥"品牌……这些帮助她渡过了最初的难关。

吴哲团长，给了她精神上巨大的鼓励，让她真正走出了心里的阴影，重新树立了自信，并且圆了她的舞台梦，让她真正从精神上重新站立起来。

虽然有一些人因为各种各样的原因，与她疏远了，但是也有很多人，在她出事之后，与她走得更近了。甚至有些已经失去联系的朋友，又重新回到了她的身边，让她寻回了这个世界的温暖。

本书开篇提到了赵亦静初中时代的好朋友宁宁，姓孙，后来因为赵亦静过早离开学校，两人就此分开了一段时间。孙宁毕业后，去青岛做了导游，偶尔回到济南，联系也不是很多。再后来两人都成家了，也就没什么联系了。赵亦静出事的时候，她正在怀孕期，很少接触电视和网络，所以一直不知道赵亦静的情况。

直到她在医院生完孩子，出院那天，忽然远远地看到赵亦静坐在轮椅上。当时她愣住了，不敢相信那就是她。这可是学生时代自己最要好的朋友——那个创下了神奇纪录的 5 000 米竞走冠军，如今居然没有了双腿，命运真是会作弄人啊！然而此刻重逢，她却没有勇气走上前去，她不知道该怎么开口，怕伤害到她的自尊，就像当初李群和吕翊在医院不知道如何跟她说话一样。

可是孙宁又怎能放心，回去后她赶紧向另一个同学打听赵亦静的事，才得知实情。正巧这个同学和赵亦静有联系，于是孙宁重新联系上了赵亦静。有一天，孙宁约好去看她。

孙宁第一次去赵亦静家，两人却完全没有距离感，和上学的时候一样，还是两个好伙伴。这是因为小时候那份纯真的感情，也因为两人性格相像，都是豪爽大气的人。出乎意料的是，赵亦静没有像孙宁想象的那样悲苦和消沉，还是以前那样乐观、开朗。

这些年来的家长里短、柴米油盐、生儿育女……两个好朋友有说不完的话。那天孙宁真不想走，甚至想留下来陪她。但是赵亦静出事后，坐的时间一长，血液就不循环，所以每天下午都要睡一会儿。

这对儿时最好的朋友，现在似乎又回到了纯真的童年时代。后来，只要两人都在济南，孙宁每隔几天就要来赵亦静家串一次门。两人一起做饭，一起聊天，谈些心事，仿佛又回到无忧无虑的中学时光。

险峰上的天使

轮椅保险员赵亦静的壮美人生

人们因各种遭遇和变故，可能失去了金钱、亲情、朋友、梦想，等等。也有人遭遇了不幸之后，又收获了很多，寻找回来一个新的世界。

牛艺霖也是赵亦静的老朋友，只是后来因为工作变动，没怎么联系。有一天，牛艺霖在电视上突然看到赵亦静，是济南电视台在采访她。她惊呆了，没想到自己的老同学以一种特殊的身份成了"新闻人物"，她为好朋友的不幸遭遇难过，又不知道该怎么安慰她，也许自己什么都帮不了她，只能在心里默默地祝福。

不久，牛艺霖从《妈妈咪呀》这个电视节目里，又一次看到了赵亦静。这时候她就想联系赵亦静，又不知道她在哪里。有一天，她去市场上买菜，无意中看见了坐在轮椅上的赵亦静。当时赵亦静很消瘦，但她还是一眼就认出来了。这可真是踏破铁鞋无觅处，得来全不费功夫！

牛艺霖非常激动，也非常难过。就像一个失散多年的亲人，现在突然以这种状况出现在眼前，居然让她手足无措。她很想跑过去，拍一拍她的肩膀，然后搂着说说笑笑。却又不知道怎么开口，该怎么问她。这时赵亦静也看见了她，因为她挺着个大肚子，也变得有些"面目全非"，所以两人都有些迟疑。过了一会儿，牛艺霖走过去，和她打了个招呼。两人相视一笑，都不知道该说什么。

其实，牛艺霖和孙宁也是多年未曾联系的老朋友。而在赵亦静出事之后，她俩去幼儿园接送孩子的时候偶遇，发现两个孩子居然是一个班，真是无巧不成书。这样她俩就又联系上了。

她们开玩笑说，是因为赵亦静的力量。而在赵亦静看来，仿佛是命运对她残酷人生的回馈，让两位老同学像天使一样适时地降临，回到她的身边。此后，孙宁和牛艺霖，还有另外一位朋友周霞，她们经常来到赵亦静身边，给她无私的关爱，给她生活上的帮助，还有精神上的支持。

　　如果说李群和吕翊两位大哥帮助她渡过最初的难关，吴团长帮助她走出了心理阴影，摆脱了自卑，重新从精神上站立起来，那么这几位好姐妹则给了她更多日常生活的帮助与陪伴，让她的生命有了更多的雨露和阳光。

　　赵亦静对自己说，既然失去了双腿，就把双臂伸展成有力的翅膀。她要像大雁一样，叫长天让开一条路，向着远方，向着明天展翅翱翔！

二十四 命运有多残酷，就有多温柔

"我们不要因为这样那样的不幸，就躲在角落里。我们应该勇敢地走出去，这时你就会发现——命运对你有多残酷，也就会有多温柔！"

赵亦静出事后，对天气特别敏感，气温一低，就会引起"残肢疼"。到了冬天，整条腿都是冰凉冰凉的。疼得厉害的时候，只能去中心医院打止痛针。

从家里到医院有三公里路，骑电动轮椅要 20 多分钟。医院的大夫一看见她就打招呼"哎呀，又来了"，知道她要打杜冷丁止痛。但杜冷丁是处方药，大夫不能随便打，要凭身份证找值班主任特批。

一般情况下，杜冷丁每次只允许打半针，要 3.8 元钱。取药的时候要把身份证扣下来，把剩下的半支退回去，才能把身份证拿回来。

时间一长，赵亦静的身体产生了抗体，打半针已经不管用了。走出医院后又开始发作，中途又折回去继续打，这样折腾得更累。

后来她打完半针就跟医生套近乎：跟您聊会儿天，聊十来分钟，要不管用我再打那半针，这样不用再来回跑。果然，打了半针之后，过了十来分钟又不行了，还要再打半针。于是刚刚退回去的药，又重新打开。

　　可接连打了两次之后，药的副作用会让人全身无力，神志也不清醒了，有时连手机都拿不住，甚至会出现幻觉。她完全是凭着坚强的意志力，支撑着勉强回到家里。

　　打完针后浑身无力，一躺下就起不来床。躺着的时候人是清醒的，但是一坐起来全身的神经呈喷射状，绷得紧紧的，难受得要死，只好又躺下。这样反复几次，经常会发生呕吐，吐得满地都是，极其痛苦。有时一躺就是两三天。

　　有句老话说："久病成良医。"时间长了，赵亦静慢慢学到了一些医疗知识，有了自己的主意，就开始跟大夫说："杜冷丁副作用太大了，吗啡是不是比杜冷丁稍微好点儿？"大夫说是。赵亦静说："那我打吗啡，打半针，如果不管用，就再打半针。"大夫觉得这样可以，就每次给她打半针吗啡。

　　后来，赵亦静想出一个土办法——喝酒止痛。因为酒有一定的麻醉作用，喝醉了，还能催眠，可以睡着觉，比止痛针强。所以痛得厉害的时候，她就靠喝点酒来止痛。但是时间一长，酒也不起作用了。

　　有一天晚上已经夜深了，赵亦静突然感觉全身疼痛，她在床上艰难地翻来滚去，变换着各种姿势，想减轻疼痛，好坚持到天亮，可还是不行。后来她实在痛得撑不住了，只好爬起来开着电动轮椅到医院打针。

　　医生看她这么晚赶来医院，就问她什么情况。赵亦静痛苦地说："我实在受不了了！我从早上喝酒喝到晚上，开始还管用。喝到最后没感觉了，越喝越清醒，更难受了。现在不只是腿难受，全身都难受。实在扛不住了，只有跑过来打针。"

打完之后，她感觉头有点晕，心想，得赶快走，否则一会儿药效发作起来根本走不了了。这时已经是凌晨三点了。走了一公里多，也就大概一半的路程，当她到华侨场子附近的时候，晕得厉害，感觉自己的头在晃悠，双眼看不清路了，街上的路灯好像都在空中飘着，她知道非常危险，心想：坏了，怎么办？她命令自己必须挺住，否则三更半夜停在马路上，后果不堪设想。

就这样，她一只眼睁着一只眼闭着，车轮下的路是模糊的，完全是凭着意志力硬撑着往前走。

就这样，万分艰难地回到了小区。到了楼道，她早已筋疲力尽，意志力一下松懈下来。当年，赵亦静可是校运会的竞走冠军啊，能把其他选手远远地落下一两圈！而此刻，面对楼道里这一段专门为她砌成的小坡，只要上去一米就是她家的房门，但她现在却像一个体能已经透支的马拉松运动员，在快踏上终点的时候突然瘫倒在地。

这个小坡，就一米的距离，现在却像是一条壕沟，她实在没有力气越过了。她只好趴在电动车上，从凌晨三点多一直到六点多钟。一直到有邻居下楼来，发现赵亦静趴在冷飕飕的楼道里，便赶紧给赵亦静的姐姐打电话，姐姐立刻跑过来，把赵亦静抱进屋去了。

这件事情想起来非常后怕。家人都嗔怪她说，"你凌晨两点去医院，怎么不说一声，叫个人陪你去。"

赵亦静却想：冬天的下半夜，那么冷，大家都在睡觉，第二天还要上班，实在不好意思打扰别人。哪怕是再亲的人，也不能替代自己的手脚。这种麻烦不是一回两回，不可能永远依靠别人。赵亦静从小就很自立，她对人热情豪爽，却从来不愿意麻烦别人。

刚出院的时候，赵亦静打针比较频繁，后来逐渐少了，再后来慢慢地基本停了。然而，到 2016 年疼痛又严重了，实在没办法，又去打了一阵吗啡。直到现在，赵亦静还是要经常去医院打针。

当这些痛苦已经成为她生活的常态，她不再惧怕，而是微笑着面对一切。既然生命还在，生活就要继续，唯有坚强地直面一切痛苦与困难。

在家人和朋友的鼓励下，她从阴影中走了出来，重拾自己对歌唱的热爱，并且通过舞台带给别人更多的力量。

她去监狱给服刑的犯人演出，许多服刑人员在赵亦静的歌声中惭愧地低下了头。面对这样一个美丽却又残缺、痛苦而依然坚强的"女神"，他们深深地忏悔，重新鼓起了迈向新生活的勇气。

她通过义演为残疾人募捐。当她站在舞台上，发现自己虽然是一个残疾人，但还可以帮助到别人，就感觉全身充满了力量。她告诉残友们："我们不要因为这样那样的不幸，就把自己关在小角落里。我们应该勇敢地走出去，认识更多的人，交更多的朋友。这时候你就会发现——命运对你有多残酷，也就会有多温柔！"

第六章　长天让路

第七章　弦歌起舞

《掌声响起来》

孤独站在这舞台，
听到掌声响起来，
我的心中有无限感慨。
多少青春不在，
多少情怀已更改，
我还拥有你的爱。

像是初次的舞台，
听到第一声喝彩，
我的眼泪忍不住掉下来。
经过多少失败，
经过多少等待，
告诉自己要忍耐。

掌声响起来，

我心更明白，
你的爱将与我同在。
掌声响起来，
我心更明白，
歌声交汇你我的爱。

二十五　虔诚拜师，动情的眼泪

　　吴团长几乎所有的精力都献给了残疾人，什么事都操心，想办法给他们架设桥梁，尽所有可能帮助他们。

　　吴团长是学舞蹈的，也有不错的音乐造诣。但自己毕竟不是搞声乐的，他希望有真正的声乐专家来指导团员们唱歌，这样才能有质的提升。这叫师出有门。

　　当然这里有一个重要前提：没有任何报酬，否则他们可请不起。

　　有一天，吴团长参加一个文艺活动，遇到了原山东歌舞剧院副院长、国家一级演员杨松山先生。这可是一位真正的大家，被声乐界誉为"山东民歌王子"。

　　当时，吴团长就向杨先生介绍了"我的兄弟姐妹"艺术团，说他们都热爱艺术，希望杨先生能指导一下。他说："我不是搞声乐的，不敢教他们，只是沟通交流，您才是专家。"

当时杨老师已经七十多岁了，听到残疾人要学艺术，很是感动，当即欣然接受。吴团长说要搞一个拜师仪式，杨老师忙说不要。吴团长说不是以前那种三拜九叩，就是鞠个躬、送个花，一来表示对老师的尊重，二来让他们重视和珍惜。杨先生接受了。

吴团长把这个好消息带回了艺术团，大家非常高兴。连赵亦静在内，总共有三个人要拜师。于是，他们策划在一个联欢会上举行拜师仪式。

拜师仪式由吴团长亲自主持。几位学员看到杨老师都很激动，非要跪下来磕头，以表虔诚。陈春祥腿部残疾，得把腿向前掰开才能磕头，他这个动作一下子把大家的心给提起来了，杨老师非常感动，连忙说不要这样，起来起来。轮到李明华，他没有腿。他先鞠个躬，然后说："不行，我也得磕头，我得尊重老师，不磕头就不算拜师。"吴团长有点担心，就说不用磕头了，你有那个心就行了。但他还是执意要磕头，这时吴团长过去一把抱住他，他因为肌肉萎缩身材矮小，吴团长用双臂抱着他，就像夹着一只小鸟，在地上连磕了几个头，杨老师见状赶紧把他扶起来，当即流下了激动的眼泪。

杨老师说，我60多年艺术生涯，学生无数，今天有这几位特殊的学生磕头拜师，我这一生就觉得值了。

在场的人又震撼，又感动，吴团长的眼泪也跟着"哗哗地"淌下来了，他主持不下去了。这时全场哭成了一片，联欢会还没开始，拜师就成了高潮。

最后是赵亦静，她在前面两位的感染下，想都没想本能地就要跳下来，把大家给吓坏了。她旁边的两位聋哑人赶紧一边一个把她抬了起来，放到地上。赵亦静就用半截身子虔诚地磕头。她想，杨老师这样德高望重的大家，能教咱们残疾人实在是很荣幸，所以自己一定要很真诚地拜师，必须得正儿八经磕了头才算拜师。

有一种传统的说法，只有接地气才叫真正的磕头拜师，如果身体不伏地，就不算。吴团长从他们的行为中感受到一种传统美德，他们虽然身体有残疾，但是懂得尊重师长，比很多健全的人都做得好。

杨老师虽然退休了，但是由于他的艺术成就和声望，经常应邀出席各种艺术活动，还受聘担任齐鲁文化名家艺术讲坛艺术总顾问，所以依然很忙，但是他总会抽出时间来辅导他们。一到赵亦静要参加重要演出和比赛，他总会及时来指导她，包括怎么练气、怎么练声，怎么进行情感处理，等等。这是第一次受到专业的声乐训练，她这才发现自己原来对很多东西都不懂，与专业演员相比还有很多不足。

由于没有了下肢，无法站起来唱歌，自然会影响声音的发挥，唱到高音的时候，就觉得气上不来，训练的时候嗓子也容易累。但是赵亦静没有气馁，一遍又一遍按照老师的要求去做，进步很明显，也越来越专业。

大家看到了她的努力，也看到了她的进步，都很高兴，鼓励她。哥哥姐姐、晓希都很支持。她也把唱歌当作一种运动，对身体恢复大有好处。

2017年，全国残疾人艺术会演要在济南举行，赵亦静要参赛，杨老师也参加了有关工作，这样就有时间见面了。杨老师给了她很多具体的指导。

其间，正赶上杨老师的 80 岁寿辰。于是大家给他策划了一个特别的音乐会，作为残疾人艺术会演系列活动之一，由他带着三位残疾人学生一起演唱。一位著名歌唱家和三个残疾人学生同唱一首歌，放眼全国甚至全球，也难得见到这样的音乐会。这是他从艺道路上一个特别的纪念，对于他和三个特殊学生来说都是终生难忘的。

除了杨松山老师，吴团长还给艺术团介绍了李晶、张霞等几位老师。这几位声乐专家为吴团长的热心所感动，更为残疾人坚强不屈、奋发向上、对艺术的执着追求所感动，他们不计任何报酬，多次给他们指导，使他们在唱歌艺术上有了明显提高，也提升了整个艺术团的演唱水平。

在赵亦静心里，他们不只是自己艺术上的导师，也是人生道路上的良师益友，他们对艺术一丝不苟，对学生热情谦和，这些美德时刻感染着自己。虽然他们都很忙，不能时常来看学生，但是一直保持着密切联系，关心这几位学生的生活与成长。学生们也及时向老师汇报自己的生活情况与艺术上的收获，他们之间建立了真挚的师生情、朋友情。

2018 年 4 月，杨松山不幸因病去世，享年 80 岁。赵亦静十分悲痛，她不顾身体的劳累，坚持去给老师送别。她想，老师大概是太累了，要休息。自己一定要给老师争气，虽然她不可能成为老师这样的艺术家，但是一定要学习老师对艺术、对生活的态度，才能让人生精彩，不留遗憾。

二十六 选择坚强，向幸福出发

"人生有很多不可预知的未来，也一定有崭新的未来在等着你。你用歌声说出自己的故事，一定会打动很多的人，让大家更懂得珍惜自己平凡的幸福。"

通过《中国达人秀》和《中国梦想秀》，很多人认识了赵亦静，也有更多的电视台关注到这位身残志坚，并且有一副动听歌喉的好妈妈。赵亦静开始走上更多、更大的舞台。

2012 年夏天，赵亦静正因为胰腺炎住院。在医院里她接到中央电视台导演的电话，邀请她参加综艺频道的《向幸福出发》。

这是一个互动点歌节目，用独特的角度、创新的表达方式，把心中最质朴的情感和美好的祝愿用歌声表达出来。原来是赵亦静的哥哥给她报的名，并且从成千上万的报名者中被选中了。这是对赵亦静自立自强、挑战命运精神的认可与褒扬。

接到导演的电话，赵亦静要求出院。医生问她是要健康还是机会，她坚定地说要机会。因为唱歌给了她活下去的勇气，她要活出个样给自己看，给亲人和朋友看。

那期节目在 8 月 18 日晚上播出，由著名主持人李咏和王冠主持。赵亦静演唱了《绿叶对根的情意》和《活出个样来给自己看》两首歌，深情感谢出车祸以来家人的轮流陪伴、用心照顾，并且为自己加油打气。

赵亦静的大哥看到小妹通过登台演出发生的变化、建立的自信，很支持她，把自己的车给她用，并对小妹说："现在这就是你的车，不管演出还是什么事，随叫随到。"

2013 年 5 月，赵亦静应东方卫视邀请，去上海参加了《妈妈咪呀》节目的录制。那一期节目的嘉宾有著名主持人金星、程雷，歌手黄舒骏。

这一次，赵亦静想改变一下，她没有坐轮椅，而是自己撑着两条小凳子挪上舞台。她是想呈现自己真实的生活状态。事实上，这是一个极为艰难的考验。众目睽睽之下，她用两只手把身体支撑在小凳子上，交替着挪到舞台中央，不只是考验她的身体，更是对心理的极大挑战。当她出场的时候，偌大的演播厅，数百名观众鸦雀无声，屏住呼吸，几百双眼睛随着她的身体缓缓地移动，仿佛在为她鼓掌、加油。经过无比漫长的一分钟，赵亦静终于到了舞台中央，她把两条凳子并起来，一屁股坐上去。这时，观众席上爆发出热烈的掌声。这是对她的敬佩，也是对她的鼓励。

这一次，她演唱了一首《当时的月亮》。现场观众热烈鼓掌，有很多人举着写有"妈妈我爱你""妈妈加油"的发光字。当嘉宾问到她参加节目有什么心愿时，赵亦静回答："希望有一天能够站起来，也相信能够站起来。"嘉宾黄舒骏指着大屏幕鼓励她说："以前的照片跟现在比起来，我觉得你现在更漂亮，因为你现在更自信，气色也非常好。"赵亦静听了很开心，这让她对自己更有信心。

黄舒骏接着说："我觉得人生有很多不可预知的未来，也一定有崭新的未来在等着你。我常说唱歌到最后就是用歌声说故事，你今天跟我们诉说了一个不幸的故事，但是我相信，你的坚强乐观一定会打动很多的人，让大家更懂得珍惜自己平凡的幸福。"

金星也被感动了，说："赵亦静，谢谢你！你的歌声给我们传递了了不起的坚强，也再次告诉我们，伟大的母爱可以超越苦难。"

程雷动情地说："听了你的故事，我会提醒自己，只要我手握方向盘，我就不打电话，不开小差，心里有再大的情绪，我也不跟身边的人争吵。因为我知道，车外是一个个鲜活的生命，需要我们去珍惜。"

通过自己的惨痛遭遇，能够警醒更多人珍惜自己和他人的生命，避免更多悲剧的发生，赵亦静觉得这一趟来得就值了，虽然很辛苦。

最后，三位嘉宾一致通过，赵亦静成功晋级。这是对她实力的肯定，也是对她精神的褒奖！

警示他人，激励自己——这正是她歌唱的意义。通过这两年来的努力，赵亦静的演唱已经越来越纯熟，专业度明显提升。不知不觉间，她已经悄然完成了从一名歌唱爱好者向实力歌手的转型。

她由衷地感谢吴团长的悉心栽培，当然还有哥哥姐姐，亲人们的无私关爱，还有这么多的电视台给予她的机会。

赵亦静曾经为了赚钱，萌生以唱歌补贴家用的念头，但是身体上的缺陷没能让唱歌成为她谋生的手段。而今，歌声却成为心灵的慰藉，唱歌让她感受到生活的快乐与希望。

这一年，赵亦静参加了山东省残疾人歌手比赛。这次大赛总共有 500 多名选手参加，赵亦静最终凭借《活出个样来给自己看》，一举获得济南赛区第二名，荣膺"济南残疾人十佳歌手"称号。

接着，她又应邀参加了 2013 年山东卫视的中秋晚会，和音乐才子李泉一起合唱《我要我们在一起》。这首歌是她自己选的，她要把这首歌送给女儿，表示在中秋节这一天，不管多忙，都要抽时间陪着她。

2013 年是赵亦静非常忙碌和辛苦的一年，也是收获极大的一年。她在尽情地歌唱中渐渐稀释了伤痛，走向了一片新天地。随着她在山东电视台的选秀节目《我是大明星》中一路晋级，无数电视观众都记住了一个特殊的身影——身残志坚的美女歌手赵亦静。

二十七 《 我是大明星》，艰难的挑战

既然选择为女儿活下来，要用一把轮椅陪伴终生，就注定只有两个选择：要么给孩子带来自卑，要么让她因为妈妈而自豪！

《我是大明星》是山东电视台打造的一档选秀节目，在全国地方卫视中有着很高的知名度，曾经捧红了多位选手，最著名的就是后来红遍全国的"大衣哥"朱之文。

2012 年，赵亦静出车祸已经有一年多的时间了，她逐渐从消沉中走了出来，可以静下心来在家里看电视了。有一天，她在《我是大明星》第三季节目中，看到一位残疾歌手，名叫陈洲。他的乐观、坚强和勇敢深深地触动了赵亦静。

陈洲也因意外事故失去了双腿，也是山东人，家在临沂，离济南并不远，年龄比赵亦静还小几岁。两人的经历是如此相似。

但是她又感觉自己离陈洲还很远，她还缺少他那样发自内

心的自信和坚强。虽然她之前也参加了多次电视节目，包括比赛，但她心里并不是很有底气，对于参加这些活动的意义认识也并不深刻。

赵亦静上网搜索了陈洲的信息。原来陈洲五岁的时候，父母就分居了；八岁时父母离婚，他被法院判给了父亲。

没多久，父亲把他丢给了爷爷，独自离家。由于爷爷奶奶经济困难，陈洲从小没有上过学，11岁时就靠着爸爸教他的一点小快板和家乡戏出去卖艺为生。

一个尚未成年的孩子，既做过北漂，又闯过关东。13岁那年，陈洲流浪到潍坊市，在爬乘一辆火车时，不小心摔了下来，等他醒来时，已经躺在医院里，被永远截去了双腿。

后来，躺在家里倍感孤单的陈洲为了不拖累爷爷，找来一块厚厚的轮胎皮绑在屁股下面，用双手撑地慢慢挪动，学着向前走，渐渐地他重新走出了家门。他当过乞丐，擦过皮鞋，卖过报纸，修过电视。后来，他在街头遇到另一个卖唱的无腿残疾人，于是跟他学唱歌。

陈洲亲手制作了两个可以装一些小物品的木盒子，凭着顽强的毅力，用手撑着两个木盒交替前行，四处流浪卖唱。他用歌声行走天下，先后走过全国700多个城市，卖唱3000多场。

陈洲甚至靠着顽强的意志登上了大大小小上百座高山。后来居然登到了泰山顶上！他自强不息的精神，感动了很多人。后来还幸运地娶了一位漂亮的妻子，又有了聪明可爱的孩子。

他说："我失去了双腿，但我有一副好歌喉。我不是乞丐，我是用歌声走路的人，我将唱出完整的人生！"

汶川地震的时候，他在北京捐出了 500 元钱。他曾经在四川乞讨过，为了感恩四川人民，他以常人难以想象的毅力，开着自己的三轮车前往四川，为灾区人民唱歌，为大家带去战胜灾难的力量。

"你是很可怜，可永远有人比你更可怜！"一次在街头给人擦皮鞋时，一位顾客的话深深刺激了陈洲，让他振作起来勇敢地面对人生。

这句话也深深地震撼了赵亦静的心。

这个世界上比自己可怜的人多了去了，可是有多少可怜的人通过努力改变了命运，也有多少曾经幸福的人，因为消极而沉沦。相比曾经幸福的赵亦静，陈洲更加不幸，但他从不向命运屈服，他乐观、坚强，并且凭着自己的努力，赢得了一位漂亮女孩的芳心，结婚，生子，又成了十分幸运的人。

陈洲的精神鼓励了赵亦静。她开始思考，自己当初是为了女儿活下来的，一定不能成为女儿的累赘，而应是女儿的骄傲，能够给她力量。

她意识到，当自己要用一把轮椅陪伴终生，就注定只有两个选择：要么给孩子带来自卑，要么让她因为妈妈而自豪！

于是，她把陈洲当作自己的榜样，要向他学习，让自己活得精彩。她要为女儿走上更多、更光彩的舞台。她想报名参加《我是大明星》，这一次她是主动的。

但是，《我是大明星》是一场马拉松式的比赛，训练的辛苦，精神的压力，经济的支出……对于每一位选手都是极为艰苦的考验。对于没有了双腿，也没有经济来源的赵亦静，困难可想而知。

然而既然是比赛，就要公平竞争，她要和别的选手一样接受评判。

第一场比赛。赵亦静特意穿着一件红色的上衣，手撑两条塑料板凳一步步挪到舞台中间，观众席一直鼓掌。

她唱的是一首难度很大的歌——《当时的月亮》。一曲终了，现场观众热烈鼓掌。年轻的主持人李鑫推着轮椅过来，赵亦静用两只手支撑着自己的上半身爬到轮椅上。

李鑫很小心地问她，怎么以这样一种方式登台。赵亦静说："我的心态很好，这就是我平时真实的生活。我要学会面对真实的自己，我现在很坦然，我只是没有腿而已。"

李鑫又问她："大明星已经是第四季了，基本上把山东的民间艺术家发掘得差不多了。你这么有实力，为何一直没有参加比赛？"

赵亦静说，上帝夺走了她的腿，但给了她一个小天使。女儿是她活着的最大力量，自己来参赛也多半是为了激励女儿。

比赛的时候，她唱了一首《春暖花开》，这首歌是专门唱给女儿的。随着音乐声响起，赵亦静深情地唱道："如果你渴求一滴水，我可以倾其一片海。"如泣如诉的歌声感染了现场的每一个人。一位评委说："你虽然残缺，但是非常美丽。今天的歌唱得很好，让我们听到了你们灵魂深处的力量。"

还有一位评委从另一个角度激励她说："别的家长给不了的，你现在给她了。你的孩子将来一定会比别人承受力更强，更懂得怎么去和别人接触，怎么去拼搏！"

二十八 相遇陈洲，"负负得正"的力量

残疾人在一定程度上可能成为他人的负担，但是只要他们自强不息，互相支撑，就会产生巨大的正能量，而且可以激励更多健全的人。

赵亦静的到来，成为《我是大明星》节目的一大看点。在30晋级24强的比赛中，赵亦静演唱的是著名歌手毛阿敏的成名曲《思念》。

唱完，节目组为她请来了一位特殊的嘉宾——陈洲。憨厚的陈洲满面笑容地撑着那两个特制的木盒子，一步一挪走上舞台，两个衣袖都在肘部缝了一块耐磨的补丁。他的妻子和孩子则站在舞台侧面开心地给他鼓掌。

相比上个赛季，这时的陈洲明显晒黑了，这一年间他一直在外面行走。他的身份不仅是那个选秀季军，更多的是一名励

志演讲家。他应邀去各地的学校、机关、企业演讲，他的精神激励了无数人，也为残疾朋友赢得了尊严，增添了信心和力量。

陈洲来到舞台中间，真诚而风趣地说："我和赵亦静有很多共同点，没有腿，生活中面临着许多困难。但是我们也都有很多优点，我在菜场买菜，比别人捡钱率更高，经常捡到钱。我登山的时候，比别人更安全，因为我接近地面。"他将苦难变成了力量，将自身的缺陷化作了幽默，逗得现场观众开怀大笑。

陈洲的成功，给了赵亦静巨大的鼓舞。接着，陈洲唱了一首《水手》，这是台湾残疾歌手郑智化多年前创作的一首老歌，曾经家喻户晓，激励过很多人。在陈洲的歌声感染下，全场观众跟着一起唱。唱完之后，他又送给赵亦静一对自己特制的木盒子，里面可以装手机、钱包、饮料，非常方便，可以凭它走到轮椅到不了的地方。

一年之间，陈洲又登了好几座山，悟出了一些新的感受。他说："山在前面，路在脚下，向上而行。人生如山，为梦而登！"

评委武文用陈洲的精神来鼓励赵亦静："读万卷书，行万里路。陈洲走过很多地方，他带着心灵去旅行。成为一个智者，许多困难在他那里都迎刃而解。亦静后面还有很多岁月，你也可以像陈洲一样走出去，你的心灵会比现在更加豁然开朗，你会活得比现在更加爽朗。"

女性评委田慧说："从陈洲的身上看到亦静，虽然残缺，但是很美。陈洲对亦静是榜样的力量，亦静对很多女性也是榜样的力量。你们同样命运，又同样坚强。"

赵亦静从陈洲的身上看到了自强不息的精神，感受到一种

险峰上的天使

轮椅保险员赵亦静的壮美人生

无形的力量。她觉得，陈洲不只是唱歌，他是在用生命不停地奔波、奋斗。作为一个无腿的人，他比常人登过更多的山，他创造了难以逾越的生命高峰。他不但能够自食其力，养家糊口，还给更多人带来了力量。

残疾人在一定程度上可能成为他人的负担，但是只要他们自强不息，互相支撑，就会产生巨大的正能量，而且可以激励更多健全的人。从某种意义上说，这是一种"负负得正"的力量。

是的，她还要更加坚强，不只是克服各种困难，还要有所作为，要成为孩子的骄傲和榜样。在晓希的陪伴下，赵亦静一路前行，脚步越来越坚定。她要勇敢地迎接挑战，以最好的状态将《我是大明星》进行到底。

二十四强晋十八强比赛那天，恰好是赵亦静的生日。赵亦静演唱的是《绿叶对根的情意》。

唱完之后，主持人李鑫问赵亦静，生日的时候有什么心愿，这勾起了赵亦静既心酸又幸福的回忆。她想起自己十二三岁的时候就辍学了，而辍学之后她的班主任还找到她，给她过生日。她记得那位老师姓谢，是一位年轻、美丽、身材高挑的女老师。那时谢老师刚刚大学毕业，走上教师岗位不久，她大概是觉得亦静小小年纪就辍学，为她感到惋惜。这位富有爱心的老师还清楚地记得她的生日，特意来陪她过生日。这位老师虽然很多年不见了，但是她美丽的身影一直留在自己的记忆里，这让她感觉到人世间最美好的情愫，也勾起她对学生时代的美好回忆。那些可爱的同学们，现在都在哪里呢？

这些年来，她忙着做生意，结婚生子，走在茫茫的人海中，又结识了各种形形色色的人，也交了许多新的朋友。但是学生时代的纯真友情，一直埋藏在心里，永不褪色。可是现在自己变成了这个样子，她不太方便去与同窗好友聚会，但还是常想起纯真的学生时代。

赵亦静刚讲完谢老师给她过生日的经历，只见谢老师手捧着鲜花，带着她的几位同学走上舞台。赵亦静惊讶得说不出话来，万万没想到20多年前的班主任和同学居然会出现在眼前。

原来，导演组在和她交流的时候，留意到这期节目录制的时候正好是她的生日，于是就通过巧妙的沟通，了解到她小时候谢老师给她过生日的事情，于是精心设计了这些情节，就是为了给她一个惊喜。

谢老师走到亦静身边，俯下身来紧紧地拥抱了她。当年刚刚师范毕业的谢老师，如今已经是桃李满天下了。但是她依然清楚地记得赵亦静，亲切地叫着她的小名。

谢老师动情地说："亦静是我大学毕业担任第一届班主任时的学生。20年过去了，我们都不再年轻了。也经历了人生的起起伏伏、风风雨雨。但是阳光总在风雨后！我在今天的亦静身上，看到的是自信和坚强。无论多少次的挫折和跌倒，都不能阻止亦静追寻梦想的脚步！"

谢老师还特意送给赵亦静一个音乐盒，并祝福她说："让青春永远在心中定格，让音乐永远不停转。从此生活永远充满阳光！"

当年的班长也对她说："亦静，非常怀念我们一起走过的时光，一起哭过、笑过、努力过、打拼过。你是我们同学中永远的大明星，永远的榜样！"

一位同学捧着生日蛋糕说："坚强的亦静，你永远是我们九二级八班的榜样，我们永远的大明星！"

这时全场为赵亦静唱响了生日快乐歌。赵亦静感动得泪流满面，无以言表。这一幕也感动了各位评委。武文说："你是我所见到的轮椅上最优雅的女人！"田慧说："你有一颗坚强的心，我从心里崇敬你。"

这是赵亦静最幸福的一个生日。她凭着自己的实力，一举挺进十八强！

二十九　我选择励志片，而非苦情片

"如果把我的故事比作一个电视剧的话，我希望是励志片，而不是悲情片、苦情片。"

在另一期《我是大明星》节目中，赵亦静唱完后栏目组请出一群人来到舞台上，有她的二姐，还有她过去的老师和同学。原来这又是栏目组精心设计的，她事先并不知情。赵亦静非常惊喜，激动万分。

二姐赵秀荣比她大了 13 岁，虽然是同母异父，却没有任何隔阂，小时候就非常疼爱她这个小妹，一直照看她。母亲去世后，二姐更是像母亲一样照顾她。而赵亦静出车祸之后，轮椅都坐不好，几个姊妹轮流照顾，又是二姐照顾得最多。当时她住在父亲家里，每天上下楼的时候，二姐又是背，又是抱，日复一日。

那时赵亦静情绪很不稳定，一直想自杀。二姐非常伤心，每天陪着她说话，不断地安慰她、鼓励她。整整过了一年多时间，赵亦静才慢慢接受了这个现实，最后站上舞台重新绽放生命的光彩。赵亦静讲述这番经历的时候，二姐在一旁早已泣不成声。

一幕幕悲伤而又动人的往事，浮现在观众眼前。演播现场沉浸在巨大的感动之中。

主持人在向观众介绍赵亦静的时候说，她的经历就像一部电视剧。赵亦静接过话说："如果把我的故事比作一个电视剧的话，我希望是励志片，而不是悲情片、苦情片。"

至于参加比赛以来的感受，赵亦静说，得到最多的是自信，是一种力量。评委的肯定，观众的掌声和支持，是她最大的收获。

说来也巧，在第四季《我是大明星》的舞台上，出现了很多特殊的选手。由于先天或后天的因素，他们的身体有了残疾，但是内心却像常人一样有着对梦想的追求。"大明星"给了他们一个展示的舞台，让他们重树信心，带着梦想上路。

像段孝燕、杨青，都是来自青岛的癌症患者，一位声音婉转，像黄莺一样悦耳动听；一位舞姿婀娜，像孔雀一样魅力四射。美丽又坚强的轮椅歌手赵亦静，用她动人的歌声，一次一次感染了无数观众。比歌声更打动人的，是她作为一个残疾的单身母亲表现出来的从容和坚强。

《我是大明星》是时间跨度很长的比赛，对选手的身体和精神状态都是一种严酷的考验，这对赵亦静来说尤其艰难。因为身体的原因，赵亦静没有进入总决赛阶段，但是整个赛季下来，她给观众留下了难忘的印象，所有观众都被她折服，提及她都会竖起大拇指。

赵亦静能克服各种困难坚持下来，就是想用实际行动告诉女儿，无论遇到什么困难，都要学会坚强！每一轮比赛过后，她都要对自己说："我一定要努力，能做到的事情一定努力去做，给孩子做个榜样。孩子虽然在生活中承受了比别的孩子多一些的苦难，但是通过妈妈让她学会了坚强。"

晓希每次看到妈妈晋级的时候都会说："妈妈很棒！"都会用特别崇拜、信赖的目光看着妈妈。赵亦静就觉得特别高兴，感觉很踏实。

苦难总是伴随着坚强，也常常迸发出绚丽的人性光辉。

越来越多的济南市民、山东观众，乃至全国的电视观众认识了赵亦静。赵亦静的歌声飘荡在山东电视台《让梦想飞》、济南电视台《娱乐正能量》……她还应济南电视台邀请录制了《励志人物》宣传片滚动播出。

中央电视台再次关注到了赵亦静，邀请她参加综艺频道的《回声嘹亮》。这个节目定位为"向经典的文艺作品致敬"，邀请歌唱家、演员和来自全国各地的老百姓、翻唱达人等，一起搭档翻唱经典歌曲。

赵亦静参加的那期节目，主题是《重温时代经典，唱响属于妈妈的歌》，由著名主持人马跃、李思思主持。那一期的嘉宾，都是母子、母女组合，其中有著名演员岳红母女，歌唱演员宗庸卓玛母子，知名歌手何静母女。只有赵亦静不是明星，她和晓希被安排在节目的最后出场。

晓希用稚嫩的声音演唱了一首经典老歌《妈妈的吻》。唱完之后，还讲了她对妈妈的爱，感动了所有观众。主持人问她有什么梦想，晓希说想去澳大利亚看美人鱼。何静女儿当场送给她一本美人鱼封面的挂历。而赵亦静的心愿是再次演唱《春暖花开》，献给晓希，她觉得这首歌特别适合自己和女儿。

这期节目，后来在 2015 年 6 月 4 日播出。节目播出时，赵亦静正在紧张地排练，准备赴厦门参加第七届海峡论坛主办的两岸残障人士歌手大赛。

由海峡两岸 76 家单位共同主办的第七届海峡论坛，首次设立了两岸残障人士交流嘉年华活动，其中有一项两岸残障人士歌手大赛，是由中国残疾人联合会主办的。

济南市残疾人联合会决定，派赵亦静前去参赛。为了这次比赛，吴哲团长非常严格地对赵亦静进行了辅导。

2015 年 6 月 12 日，主题为"心手相连，我梦最美"的两岸残障人士歌手大赛在厦门隆重开幕。来自两岸的 25 名残疾人歌手一展歌喉，展现了两岸残障人士的特殊才艺和自强不息的精神风貌。

赵亦静演唱的是《我相信》。经过初赛和决赛的激烈角逐，赵亦静从 23 名两岸选手中脱颖而出，获得了大赛银牌，为济南赢得了荣誉！

第八章 攀越险峰

《我相信》

想飞上天，和太阳肩并肩，
世界等着我去改变。
想做的梦从不怕别人看见，
在这里我都能实现。
大声欢笑，让你我肩并肩，
何处不能欢乐无限。
抛开烦恼勇敢地大步向前，
我就站在舞台中间。

我相信我就是我，我相信明天。
我相信青春没有地平线，
在日落的海边，在热闹的大街，
都是我心中最美的乐园。

三十 邂逅安联，"明星"遭遇志愿者

要是别的行业，遇上大的灾难可能真的破产了，而保险就是化解风险的，这就是保险的好处，所以保险这个行业永不过时。

2015年，赵亦静的父亲不幸去世了。早在十年前，父亲就检查出患了肾炎。当时母亲已经去世了，后来找了个伴却没有到头。老人家带着病体，还要为亦静操心，很不容易。父亲走的时候，最放不下的就是这个小女儿。

这时赵亦静出事已经五年，慢慢适应了轮椅上的生活，也变得越来越坚强。但父亲的去世，让她十分伤心。这些年，她没有能够为父亲尽到孝道，反而添了很多麻烦，让父亲劳心劳力。生活总是有许多无奈。站在父亲的遗像前，她告诉自己：一定要更加坚强，要好好地活着，才能让父亲放心地走，让孩子自信地成长，因为生命不仅属于自己，还属于那么多爱自己的人！

在那些艰难的日子里，很多志愿者向她伸出了援助之手。特别是济南大学的志愿者，经常从城西到城东，穿越半个济南城来到她家。

这些大学生志愿者，是一位残友介绍来的。这位残友很敬佩赵亦静，觉得从她身上可以学到很多东西。他经常跟别人说，亦静姐身体都这样了，可她还是那样坚强，自己洗衣、做饭、打扫卫生。他从中受到鼓励，也开始尝试做家务，增强自理能力。

后来，他向帮助过自己的济南大学志愿者介绍赵亦静："她又美丽又坚强，还是一位经常上电视的大明星！"言语之间非常自豪，觉得赵亦静为残疾人争了光。

志愿者一来就是好几个，他们对赵亦静十分敬佩。有的同学还在电视上看过她唱歌，都非常乐意来赵亦静家帮助她。刚开始每个星期来一次，后来赵亦静的自理能力越来越强，他们就两个星期来一次。但是赵亦静不想太麻烦他们，她觉得还有别的残友需要他们的帮助。后来他们每个季度一定会来一次，帮她做一次大扫除，把家里所有物品都清洁一次。到了天热换季的时候，学生们还会把她夏天的衣服拿出来，把冬天的衣服整理叠好收进去。

这些孩子们不怕苦不怕累，不仅在生活上给她很大的帮助，也在精神上给了她很大的鼓励。赵亦静去参加中央电视台《回声嘹亮》录制的时候，因为哥哥姐姐们抽不出那么多时间，她就在朋友圈发了一条求助信息。很快就收到了济南大学志愿者的回应，有同学愿意陪她一起去北京。不久就来了一位男同学、一位女同学，一起陪她出行。到了北京，最难的是坐地铁。可是小伙子毫不犹豫，背上她就跑，那个姑娘推着她的轮椅在后面跟着。

这些年志愿者一届又一届，每一年都有新同学加入进来，已经坚持了很多年，让她很感激。为了表示感谢，有一次她执意留下他们吃饭，并且亲自给他们做了几个菜。孩子们吃着这顿特别的饭菜，觉得特别香，也特别温馨。

由于赵亦静是一位残疾"明星"，所以许多志愿者知道她，也很敬佩她，都愿意前来帮助她。

2014 年 12 月 9 日下午，六里街道玉函社区居委会主任，带领几位志愿者来到她家，说是保险公司的。听说是保险公司来的，赵亦静心情既复杂，又感慨。由于车祸，让赵亦静深刻体会到了保险的重要性。没想到这群志愿者的到来，又成了她人生新的转折点。

一位志愿者介绍说："我们是济南安联保险龙鹰爱心社的，这位是我们爱心社的理事长，也是我们龙鹰团队的领导杜海涛。"

这位杜海涛，和赵亦静年龄差不多，中等个头，看起来很精干。

他创办了安联保险龙鹰团队，还发起成立了龙鹰爱心社，专门带领大家做公益。当天，他们接连走访了几户需要帮助的家庭。

他们给赵亦静送来了一口爱心锅，然后帮她打扫卫生，陪她聊天。

有些人在电视上看到赵亦静，对她表示敬佩。赵亦静不太熟悉安联保险，他们介绍说，安联保险是德国公司，早在一百年前泰坦尼克号沉没的时候，安联保险就是主要承保商。后来美国发生"9·11"事件，安联保险也是主承保商，赔了很多钱。人家外国人都有很好的保险意识，家家都有保险，还不止一份。

这时杜海涛说，在咱们中国，发生汶川地震这样的大灾难，理赔很少，因为大家都没买保险。结果就靠捐款，捐款虽然是一种大爱，但不能解决根本问题。不管是国家发生灾难，还是个人遇到困难，都要用保险来解决。

对于这一点，赵亦静深有体会。她出事以后，虽然遇到很多好心人，但是自己最艰难的时候，还是保险雪中送炭，送来一笔九万元的理赔款。

她对大家讲了自己买保险、退保，到后来理赔的情况。最后叹了一口气说："唉，现在说这些都晚了……"

杜海涛对她说："现在知道也不晚，你自己亲身体验过保险的好处，你可以告诉你的家人、亲戚朋友，让他们尽早做一些风险预防。"

赵亦静想了想说："那倒也是，要是我家人早知道，当初就不会退保了，我后来治疗就会轻松得多，也不会连累家人那么苦。"

干完活，杜海涛一行人向她告别。临走的时候对她说，以后有什么需要帮助的，可以随时打他们的电话，千万不用客气。他们经常去做社区服务，大家都乐意去帮助别人。赵亦静原来以为做义工的主要是大学生，没想到保险公司也会有义工队，这让她对保险又多了一份好感。

三十一 保险，是一种生活方式

有时候别人的反对并不是真正的反对，只是因为你做得还不够好。当你足够优秀时，就会有很多人跟着你跑。

从赵亦静那里回来，杜海涛陷入了沉思。他同情赵亦静的遭遇，也敬佩她的乐观坚强，却又为她的未来担忧。

事实上，杜海涛和赵亦静有很多相似之处，两人年龄相仿，都是苦孩子出身，很早就走上了社会。

赵亦静 15 岁辍学打工，杜海涛 15 岁那年就参军入伍，想通过当兵改变自己的命运。后来被分配到济南空军部队，驻扎在济南市西南灵岩山。

1998 年，长江流域和东北三江发生特大洪水。杜海涛所在部队奉命开到洪灾前线，参加抗洪抢险。在严峻的灾情面前，战士们将生命置之度外。18 岁的杜海涛用年轻的肩膀为百姓扛起了一份安宁，将危险留给自己。

2005 年，杜海涛转业，他放弃了政府安置的许多人梦寐以求的公务员工作，选择自谋职业——从零开始做一名普通的保险营销员，这让家人和战友难以理解。有人觉得他傻，当了十多年兵，得到领导器重，全国各地那么多战友，不管是去政府，还是自己创业，都有很好的前途。你却要去卖保险，这十几年兵不是白当了？

杜海涛可不傻，他看到很多战友转业之后，做着很传统的工作，拿着微薄的收入，这不是他想要的。部队把自己培养成了一名军人，有勇敢顽强的精神、坚韧不拔的毅力、吃苦耐劳的意志，同时也结识了很多好战友，有了这几点，在任何行业都可以干得很好。

军人的天职是保家卫国，随时准备以自己的牺牲守护和平，这使他对风险意识有着超越常人的理解。在退伍前两年，他接触到保险，非常认同这个行业。他感觉保险在中国一定有很好的前景，也是一个很公平的行业，只要你努力，就可以成功。他相信通过自己的努力，一定可以在这个领域做得很好。

杜海涛的想法遭到妻子赵娜的强烈反对，两人都不肯让步。最后约法三章：杜海涛不能在家里说保险，不能向她的亲人谈保险，不能当着她的面跟别人谈保险。

就这样，杜海涛每天一早出门拜访客户，晚上拖着疲倦的身躯回来，却什么也不能讲，压力可想而知。这种压力也更加坚定了他要把这个事情做好的决心。他想，只有做好了，别人才会理解，否则你解释一万遍也没用。

杜海涛以惊人的毅力坚持下来，业务越做越好，还成为华人寿险大会龙奖 IDA 高级会员。看到杜海涛的进步，赵娜的态度也开始转变，最后也加入保险公司和他并肩战斗。这一段经历让杜海涛悟出了一个道理：有时候别人的反对并不是真正的反对，只是因为你做得还不够好。当你足够优秀时，就会有很多人跟着你跑。

　　作为一名军人，杜海涛知道，"不想当将军的士兵，不是好士兵"。他开始创建自己的营销团队，命名为龙鹰团队。他希望自己的团队有龙马精神，像鹰一样越飞越高。当然，这个名字也源于他无法割舍的空军情结。

　　杜海涛给龙鹰团队做了一个很有意思的定位："选择保险，是选择一种生活方式。"这句口号吸引了很多有梦想、追求生活品质的人加盟。现在做保险的观念有了很大的转变，他们不只是需要一份工作，还要懂得生活，而这里是一个实现梦想的舞台。他的不少战友也追随他而来，团队里有很多转业军人。他们也印证了杜海涛以前对于军人的评价，都做得很不错。最好的"战友"当属赵娜，她发挥了女性在做业务上的优势，成长得很快，后来也成为一位优秀的总监。正所谓夫妻同心，其利断金！

　　保险业有一句行话："没有男人做不大，没有女人做不好。"也就是说男性善于带团队，女性善于做业务。很多平凡的女性都在这个行业实现了绚丽的人生梦想。"美丽妈妈"也是龙鹰团队一个主要的群体，她们在这里拥有属于自己的事业和美满的人生。

　　遇到赵亦静后，杜海涛感叹，人生就像跷跷板，一会儿让你直冲云霄，一会儿又让你跌落尘泥。赵亦静本身的条件很好，可是命运的变故让她跌入了人生的谷底。虽然她顽强地站了起来，但是还没有找到生活的出路。没有固定的收入，母女俩今后的日子怎么过呢？很多好心人都替她想过这个问题，但是一直没有找到什么办法，只能先过一天算一天。

有一天，杜海涛突然灵光一现：能不能叫她来做保险？虽然她身体不方便，但是现在卖保险早已不用去"扫楼"，通过电话、微信很方便沟通，在家就可以做。她人缘好，会做生意，还有一个独特的优势——她自己的遭遇与保险息息相关。多一个人知道她的遭遇，也许就会多一份保险意识，减少一份遗憾。

杜海涛跟赵娜商量，赵娜仔细一想，好像除了保险，确实还没有哪个工作适合赵亦静。而在她们团队，很多以前非常普通的女性，甚至像赵亦静这样找不到合适工作的女性，都在保险业获得了成功。如果赵亦静成功，也算给中国保险业创造了一个奇迹。

赵亦静能否接受这份挑战？于是杜海涛想请赵亦静先来团队做个分享。她从巨大的伤痛中站立起来，那么坚强、乐观，对于保险伙伴也是一种极大的激励。

但是他又很不忍心，一是怕影响她的身体，因为她出门很困难，也很辛苦，折腾多了会影响健康；二是怕她的回忆增加精神上的痛苦，毕竟没有人愿意反复去撕自己的伤口。

过了几天，他还是决定做一个尝试，就联系了赵亦静，试探着问她："能不能请你来一趟公司，把自己的经历讲给我们的员工听听？"最后他还特别强调，很体谅她的困难，绝不勉强。

赵亦静出事之后，非常理解保险，很感激保险这个行业。她想，很多人都是发生意外的时候才想起保险，不过已经追悔莫及。如果有更多的人知道她的遭遇，可能就会早些买保险。而且她很感激这些志愿者，她愿意去。但是自己没有讲过课，不知道该怎么说。杜海涛鼓励她说，你不需要用任何技巧，讲出自己的真实经历就可以了。

　　赵亦静想了想，答应了。

第八章　攀越险峰

三十二 再续前缘，走进保险业

拒绝保险——买保险——退保——卖保险，命运给中国第一位重度残疾保险代理人划出了一道特殊的轨迹。

约定的那天一大早，杜海涛和另一位同事开车到赵亦静的家门口，两个人一起把她扶到车里，一路开到公司所在地。

赵亦静被推上三楼，来到一个宽敞明亮的职场。墙上有很多照片，就像明星一样，每个人都穿着最得体的衣服，带着自信的微笑，看得出来都是精心拍摄的。原来，这些都是公司的明星员工。

赵亦静有点意外，在她的印象中，保险公司应该是蜗居在一些很老旧的办公楼里，然后每个人守着一台电话。她没想到现在的保险公司居然会在全市最高大上的写字楼，里面装修得还这么有品位。除了工作间、会议室，还有装饰得别具一格的茶室、咖啡吧。

因为之前给员工预告了今天赵亦静要来做分享，大家见到赵亦静的到来都十分热情，纷纷跟她打招呼；"赵姐好！""欢迎赵姐！"

她在大家眼里看到了鼓励与支持。她讲述了自己发生车祸之后的遭遇，中间几度哽咽，现场许多人都流下了眼泪。讲完后，现场响起了一片热烈的掌声。这既是对她的感谢，更是发自内心的赞赏和鼓励！

如果说这次分享也算是一次讲课，赵亦静就这样完成了自己人生第一次演讲！

过了一段时间，她又接到杜海涛打来的电话，他问赵亦静："姐姐你愿不愿意用你最真实的故事，去帮助别人，给身边的人，甚至更多的人带去一份保障呢？"

赵亦静一听，这是让我加入保险公司？从内心来讲，她觉得应该把发生在自己身上的事情告诉更多人，让他们引以为戒。她很愿意做这份工作，把更多的保障送给别人。但是听说保险特别难卖，通过她自己买保险的纠结就知道了。而且卖保险要特别勤快，特别能吃苦，听说天天要拜访客户，而她自己出门都不方便，怎么卖，这不是拿她开玩笑吗？

杜海涛知道她的顾虑，非常诚恳地说："我会帮你，我们的员工都愿意帮你。"杜海涛耐心地解释，我既然跟你这么讲，肯定是经过仔细考虑的。我和伙伴们都交流过，大家都同意。推销保险不是沿街去叫卖，现在交通和信息这么发达，可以很方便地和客户沟通。拜访客户固然重要，但是理念更重要。而你身上正好有别人所没有的优势，你只要发挥你的优势，在大家的帮助下，一定可以成功！

最重要的是，保险可以解决你的实际困难。你的故事很感人，你的意志很坚强，你的歌声很动人，但是这些更多的是激励别人，却不能解决你自己的生活问题，你需要一份稳定的、长期的收入。你现在的身体状况，很多工作都不合适，收入又低又不稳定，而做好保险可以让你有长期稳定的收入，甚至可能会十分丰厚！

杜海涛情真意切的话语和一番分析，让赵亦静非常感动，也很激动。杜总是真正为她着想，他们不缺她这样一个行动不便、前途未卜的业务员，甚至还会给他们增添很多麻烦，但是她太需要一份能够自食其力、养家糊口的工作了。而唱歌、卖粥都做不到。她似乎找不到理由拒绝，有点动心了。

杜海涛又鼓励她说："我们这个行业有很好的制度，有最完善的培训，有人手把手地教你，只要用心就一定可以成功。很多人来的时候都是一张白纸——我们行话叫'白板'，就是说那些没有任何相关经验的人，全部从零开始。你看到的那些团队明星照片，很多人以前都是'白板'，包括我自己！而你面对死亡都挺过来了，卖粥那么难你也做了，还有什么好害怕的呢？"

是啊，鬼门关都走过了，还有什么怕的？杜海涛的成功也激励着她，于是赵亦静答应来试试。

但是，卖保险也不是想来就能来，还要考代理人资格证。考取这个资格证虽然不比高考，但是对于赵亦静来说，困难很大。为了帮助她，杜海涛安排人去她家里给她辅导。

赵亦静不想让杜海涛失望，也为了自己的希望，她很刻苦地学习。经过几个月的努力，终于顺利地通过了考试。由于早早辍学，她总共就考了两个证书，一个是驾驶证，一个就是保险代理人资格证。

这五年来，她经历了太多的苦难，也品尝过几许欢乐，但是一直处于漂浮状态，无法找到一个泊岸的港湾。今天这个资格证是自己人生路上的又一个里程碑，她特别兴奋。

2015年8月，赵亦静又一次来到安联保险济南职场，这次是以一名员工的身份来报到。虽然无法预知未来的路，但她终究勇敢地迈出了这一步。至少，保险这条路给了她新的希望，也许今后会走得更保险！

拒绝保险——买保险——退保——卖保险，命运给赵亦静划出了一道特殊的轨迹。作为中国第一位重度残疾的保险代理人，她的出现已经创造了一个不大不小奇迹！

三十三 第一张保单，给女儿的最爱

"发生在别人身上是故事，发生在自己身上就是事故。"
我们经常听别人的故事，似乎从来没想过有一天风险会降临到
自己头上。

公司根据赵亦静的特殊情况，规定她每周必须来公司两次
参加早会，分别是星期二、星期四，这样才算她出全勤。虽然
这对于赵亦静依然十分艰难，但是公司已经很照顾她了，她不
是挂个名，而是一名正式的营销员。作为一名特殊的保险人，
她更需要学习，需要了解更多信息，再大的困难也要克服。

早会是每天必不可少的第一项工作，也是最重要的一项工作。

经历了车祸之后，赵亦静切身感受到保险的重要。通过公
司系统的培训，她进一步认识到了保险的价值。

有一句话说得很形象："发生在别人身上是故事，发生在

自己身上就是事故。"现实中，我们经常听别人的故事，似乎从来没想过有一天风险会降临到自己头上。而保险可以对身体和财务的风险进行全面管控，早拥有保险早受益。

赵亦静的第一个保险"客户"，是晓希。原因很简单——女儿是自己最爱的人，一定要给她一份幸福的保障。这算是她销售的第一张保单。

同时，她的家人通过她的遭遇也真切地感受到了保险的价值，尽管经济条件不是很好，但也主动找她买了保险。

最初，她对自己能不能卖出保险并没有信心，只是抱着试试看的态度，反正也没有其他合适的事情。但她不好意思开口跟别人讲保险，主要是讲自己的遭遇，她的事故就成了别人耳朵里的故事。她跟客户说，我做梦也没想到，我会出车祸。谁敢肯定自己以后不会遇到意外？

碰到熟人问她，为什么去做保险了？她回答说，我以前误会保险，又为退保追悔莫及，最后也是保险受益者。她不会劝别人一定要买保险，只是提醒他们要具备风险意识，在能力所及的情况下要预备保险。很多人从她身上看到了保险的重要性，不少人都找她买保险。

赵亦静有一个同学，当初出于好心"支持"赵亦静，给自己三岁的孩子买了一份保险。后来这个孩子生病住院了，保险公司及时进行了理赔，支付完孩子的全部医疗费还多出了50块钱。这个同学很惊喜，这才明白了买保险不是为了帮助代理人，而是真正帮助自己。从此她成了赵亦静的义务宣传员，陆续给她介绍了不少客户。

初步的成功给了赵亦静在保险从业道路上更多的信心和勇气，她这才真正明白了保险的价值，保险既能帮助别人，也能让自己赚到钱。她想给更多的人送去一份保障，也算对社会的一份回报。

接触的客户多了，赵亦静发现，很多人没有保险并不是他们不需要保险，而是他们不了解保险。为什么很多客户会说保险是骗人的？因为没有他们信任的人来给自己介绍，许多代理人不够专业，哪些方面可以理赔，哪些不能理赔没给客户说清楚，因此给客户造成误会。

赵亦静曾经是个成功的生意人，自然懂得诚信经营的道理。不管你是有意还是无意，只要没有兑现承诺，对客户来说都是不诚信。保险是一个无法体验的商品，没有人说我先出个事试试，看你们赔不赔。在这种情况下，他们为什么买你的保险，其实就是出于一份信任。所以，她悟出了一个基本的道理：销售保险一定要先让人相信你，才会买你的产品。你在做业务，你的潜在客户也在观察你，考察你在行业做了多久，值不值得他们信任？一切成功都是先做人，后做事。

在很多客户眼里，赵亦静很励志，也许是出于尊敬，也许是出于鼓励，只要和她沟通过几乎都会签单。赵亦静却在想，这些客户是不是出于对她的同情才签的单。她确实需要钱，但是她不愿意接受别人的同情和恩赐。

后来，随着客户的增多，她渐渐明白，这些客户都是有爱心、对家庭负责任的人，很多人本身就有良好的保险意识，向谁买保险都是买，而听了赵亦静的遭遇，他们对保险的理解更深刻

险峰上的天使

轮椅保险员赵亦静的壮美人生

了一些，所以往往都会向赵亦静买保险。于是，她的心胸也变得释然和开阔。

但是亲戚朋友是有限的，杜海涛跟她说，你需要开拓一些陌生人市场，要不然业务很难持续。于是她尝试向不太熟悉的人介绍保险，发现很多人还是缺少保险意识，一讲到保险对方通常就沉默了，场面比较尴尬。

后来，她开始试着和她们交往，当大家彼此熟悉了解，特别是建立了信任以后，沟通就变得容易多了。在交往中谈到保险，很容易潜移默化地影响客户，在不知不觉中，他们就开始接受保险了。这样就把自己的弱势变成了优势。

有一次，赵亦静认识了一个大姐，她在电视上看到过赵亦静的故事，对她很钦佩，非常喜欢她。这位大姐有很好的保险意识，不但主动向赵亦静买了保险，还介绍自己的同事和朋友给她认识。公司出了什么新产品，赵亦静总会及时告诉她。

这位大姐非常善解人意，知道赵亦静行动不方便，就自己主动给客户去介绍产品，谈好之后，通知赵亦静去签单就可以了。赵亦静对她一直很感恩，她们没有任何亲友关系，大姐也没有得到一分钱利益，却这么无私地帮助自己，让她真切地感受到了一丝温暖！

三十四 独辟蹊径，山不过来我过去

这世上根本就没有移山大法，唯一能够移动山的方法就是山不过来，我就过去。

赵亦静经常参加公益演出，她发现做公益的人有两个特点：第一，他们是热心肠的人；第二，他们中多数人很有经济实力，很多都是企业家。由于她的传奇经历和坚强毅力，每次主持人都会隆重介绍她，一场演唱下来，会有很多人跑过来找她合影，加微信。有些人后来通过她的朋友圈，知道她在做保险，也成了她的客户。

有一天晓希生病了，赵亦静带着孩子出门打了一辆车去医院。的士司机看到她们有点好奇，就攀谈起来。在交流中，听说赵亦静给孩子买了保险，他很惊讶地说："哎，你都这样了还想得这么长远，给孩子买了保险，我四肢健全却没给孩子打算，很惭愧。"接着，他就问赵亦静给孩子买什么保险合适。

赵亦静说："我给孩子买了意外险和重疾险，这两份保险是必须要买的。因为小孩子调皮好动，难免会磕磕碰碰。如果买了意外险，万一受伤了可以报销。孩子虽然现在很健康，但人的一生很漫长，谁也不能保证以后不得病。有了重疾险，如果不幸得了大病，就会得到理赔，会大大减轻家庭的经济负担。"

这个司机听了觉得很有道理。到了医院，他把赵亦静扶下车，并向她要了电话和微信。没过多久，这个师傅就找赵亦静给自己的女儿买了一份保险。说来也巧，不久孩子就生病住院了。赵亦静通知公司，很快就给孩子做了理赔。这位司机亲眼看到保险帮助了自己，对赵亦静非常感激，也更加敬佩她的精神。以后他经常向人讲赵亦静的故事，如果有人想买保险，就介绍给赵亦静。

赵亦静很感激这位师傅，更加觉得自己的工作很有意义。自她坐上轮椅这几年以来，一直是亲朋好友和社会上的好心人在帮助自己，现在，她也可以凭借自己的能力实实在在地帮助他人，她感到自己的天空豁然开朗！

不过，有很多出租车不愿意接送残障乘客，嫌麻烦，更怕惹上事。

后来赵亦静了解到，有一种专门服务残障人的出租车，可以网约。

赵亦静坐上这种专车，发现司机对客户的服务无微不至，可能是公司的特殊要求。但是价格比普通出租车差不多要贵一倍。从她家到公司大约需要 40 分钟，车费要 40 多块钱，一个来回将近 100 块。这样算下来，每个月去公司八天，光车费就将近千元，是一笔不小的开支。

有一次赵亦静看到一个促销信息：注册新手机号，交三百返二百，她觉得很划算，就一连开了好几个手机号，换着用，可以节省一些费用。心里既欣喜又苦涩。

保险展业要多拜访客户，甚至明确要求做到一日几访。这一点赵亦静显然做不到，即使她愿意去，客户也不好意思。这确实是她展业的一个限制。

有一天早会，杜海涛给大家讲了一个《古兰经》里的经典故事——一天，有人找到一位会移山大法的大师，请他当众表演一下。大师在一座山的对面坐了一会儿，就起身跑到山的另一面，然后就声称表演完毕。众人大惑不解。大师说道："这世上根本就没有移山大法，唯一能够移动山的方法就是山不过来，我就过去。"

赵亦静听了，顿受启发。现实生活中有太多的"大山"阻碍着我们，我们没有能力移山，就只能改变自己。她想：条条大道通罗马，这条不行就去找另一条，总有一条路适合。

这时，她想起了残疾人专用出租车，就开始研究这种专车，后来打听到济南有 400 多辆这种专车。每次她坐上车后，都会跟司机认识一下。这些司机每天都见到各种残疾人，但是一个没有双腿的女人能卖保险，还是十分好奇，也很敬佩。他们只要买保险，就会主动联系赵亦静，或者给她介绍客户。

赵亦静发现这是自己的一个独特优势，这群有爱心的司机，给了她很大的信心。

保险这份事业感染了赵亦静，也感染了她的孩子。星期六、星期天晓希经常去同学家玩。有时她会对同学的妈妈说："阿姨你有没有给我的同学买保险，我妈妈给我买了很多保险了，如果你爱他，你就给他买保险吧。"

晓希诚实可爱，讨人喜欢，许多家长从她们母女身上看到保险的价值，就约赵亦静，找她买保险。就这样，晓希也给妈妈介绍了不少保单。晓希总是以妈妈为骄傲，妈妈也以孩子为骄傲，这是她最大的欣慰。

人们都习惯性地要求孩子感恩父母，其实为人父母同样要感恩孩子，因为孩子给生活带来了快乐，让生命更加充实，更有意义，也最终让生命得以延续。在赵亦静心里，晓希不只是她的孩子，也是上帝给她派来的天使。当初她为孩子活着，孩子给她带来了生活的快乐。孩子在她的呵护和很多人的关爱下，健康快乐地成长，她应该感恩生活对自己的回报。

她在很多场合表达过对杜海涛的感谢，是他把自己带进保险行业，让她重新拥有了自己的事业，能够体面地、有尊严地生活。每当她把保单送到别人手里的时候，都感到十分欣慰，她就觉得自己活着多了一分价值。

她对自己说，也发自内心地告诉亲朋好友："保险真的改变了我，它让我更加自信，让我重新过上了有品质的生活。在从事保险的过程中，我更加快乐。"

三十五 独行者快，众行者远

过去，当她在轮椅上得到别人的帮助，感觉到独行很快；现在，在保险业取得的成绩，更让她体会到只有众行才能走得更远！

有一句外国谚语说"独行快，众行远"。

这句话对于赵亦静，或许有着与他人不一样的体会和理解。这几年来，与轮椅为伴的赵亦静体会更多的是"众行快"。而保险这个行业，尤其需要"众行"，唯有互相搀扶，方能持续走远。

来到安联后，赵亦静发现这里的人完全不像卖保险的，他们生活得很好，很有品位。团队里不但有足球俱乐部，还有豪车俱乐部、高尔夫俱乐部、爵士舞俱乐部，当然，还有个爱心社。他们享受生活，也帮助别人。

她在这个集体中，感觉到了快乐和希望。时间越长，她越发感觉自己的知识不够，需要更多的学习。每个人都有意地帮助她。

　　每逢周二、周四，赵亦静就会早早起床，先用手机预约好残疾人专用出租车，接着先把女儿送到学校，然后又独自回到家，这时候出租车已经在窗外等候。她换上轮椅出来，很精确地停在已经打开的车门边，撑扶着身体"跳"进副驾驶座。驾驶员帮她把轮椅收好，放进尾箱。

　　到了目的地，从街边到公司大楼是一段小坡。驾驶员把她扶上轮椅，推上小坡送到楼下的走廊。如果碰上同事，会主动过来帮她，推进电梯间。

　　早会后，她接着参加小组成员的交流，通常一个小时后才能结束。再用手机约好出租车，然后同事推着她下楼。从楼下到马路边上出租车，有一段下坡路，每一次她都很担心。因为她曾经几次从轮椅里摔出来，狠狠地摔在地上，弄得伤痕累累，所以每次下坡她都特别小心，用双手使劲抓住轮椅的扶手。但是还要努力做到面不改色心不跳，怕增加别人的心理负担。

　　赵亦静每去一趟公司都非常累，但是除非是不得已，她每周都会按时去两次。这样风雨无阻，她逐渐成为一名专业的保险人，并且有了自己的团队。这些伙伴都是她增员进来的，多半也是在她的感召下进来的。赵亦静都能做保险，我怎么不能？

　　赵亦静用自己一步步的成功，一步步地刷新自己的纪录，也一步步地创造着中国保险界小小的奇迹，让自己的事业再放光彩！

随着团队成员的增多，需要付出更多的精力去管理，这对赵亦静来说是一个难题。一方面她自己很少在公司，另一方面她的性子比较直爽，说话直来直去，这对于管理来说是一个缺点。公司建议她找一个搭档，配合她来管团队。她想到了自己的好朋友牛艺霖，原来是做服装生意的，做事很有冲劲，赵亦静很喜欢她。于是赵亦静直接找到她说："现在保险越来越规范化，发展越来越好，你过来和我一起做吧。"

当时正好有另一家保险公司也在邀请牛艺霖，她经过几天考虑，最后还是选择了赵亦静。她的决定是出于对赵亦静的信任，同时也想帮帮她，赵亦静很是感动。事实上，牛艺霖也从赵亦静身上看到了发展前景，赵亦静都能做得这么好，她没有理由做不好。在职业的选择上，公司固然重要，而最重要的一定是自己！

牛艺霖的加盟，给了赵亦静很多帮助，她的信心更足了。赵亦静的业务越做越好，同事们在早会分享的时候经常会拿赵亦静举例——"赵亦静那么困难，还要每天接送孩子，每周还要来公司两次，还能不断地签单，和她比起来，我们遇到的困难都不是个事儿。"大家都把她作为学习的榜样，给团队伙伴加油打气。

每当赵亦静来到公司，走廊里都会响起同事们一片问好声，也响起她爽朗的笑声。有人叫她"赵姐"，有人叫她"赵经理"，还有很多人叫她"赵老师"，因为她经常上台分享，激励了很多人，大家在心里把她当作榜样，理所当然地视她为老师。而赵亦静的每一步，都是在众人的搀扶下走过来的，她发自内心对家人、对同事、对朋友，对许许多多的人，对这个世界充满了感恩。

她知道，没有众人的帮助她将寸步难行，特别是在保险这个行业，所以她要尽自己的能力回报这个世界。当自己给予他人的时候，感觉内心特别充实。过去，当她在轮椅上得到别人的帮助，感觉到独行快；现在，在保险业取得的成绩，更让她体会到只有众行才能走得更远！

第八章　攀越险峰

第九章　绿叶深情

《绿叶对根的情意》

不要问我到哪里去，
　我的心依着你；
不要问我到哪里去，
　我的情牵着你。
我是你的一片绿叶，
我的根在你的土地。
　春风中告别了你，
　今天这方明天那里。

无论我停在哪片云彩，
　我的眼总是投向你。
如果我在风中歌唱，
　那歌声也是为着你。

　不要问我到哪里去，

我的路上充满回忆。
你也祝福我，我也祝福你，
这是绿叶对根的情意。
不要问我到哪里去，
我是你的一片绿叶，
我的根在你的土地，
这是绿叶对根的情意！

三十六 妈妈，我就是你的腿

"妈妈你不能走路了，谁不管你，我都管你，我就是你的腿。"

赵亦静加入保险业，终于有了一份适合她的工作，也有了相对稳定的收入，不用再担心她和晓希的生活了。自食其力，对于曾经的她不值一提，后来却成了一种奢望，今天又再次变成现实。

在这几年相依为命的路上，母女俩用行动履行她们之间特殊的承诺。出事后赵亦静曾说："我失去了双腿，不能再让女儿失去我。"后来晓希对她说："妈妈，谁不管你，我都管你，我就是你的腿。"

母女俩互相鼓励，一起成长，渐渐形成了自己独有的生活习惯。

早晨六点半，晓希在铃声中快速翻身，为身边的妈妈整了整被子。然后走进厨房，烧水、做面条或下水饺或煮馄饨……这些她已经轻车熟路了。

赵亦静起床后，用一只手撑在床边，另一只手扶着靠在床边的轮椅上。她就像一名体操运动员，向体内积蓄力量做引体向上，努力地把自己的上半身挪到轮椅上。

每天，她都要一次次吃力地撑起、放下自己失重的身体，然后摇着轮椅熟练地穿梭在简陋的房间里。为了出入方便，她租下了这套位于父亲和姐姐家前面的一楼的老房子，没有装修，阳光也不太好。屋里的陈设比较简陋，没有多余的摆放和装饰，以实用、便利为原则，日常用品都沿着房间的一圈摆放，为了方便她拿取。

房间里唯一的"奢侈品"，是一台钢琴。钢琴前面的墙上挂着一幅很大的照片，照片上的赵亦静年轻、靓丽，光彩照人，展示着她过去美好生活的痕迹。

旁边的写字台上放着一堆奖杯和荣誉证书，有公益组织的，有电视台的，也有保险行业的，这让简陋的房间呈现出生活的亮色。

吃过早餐，晓希起床后，背上书包，推来一辆双人电动车。电动车前后两个座位都有半圆形的靠背，是为了保护骑车的人不会摔下去。赵亦静再次用手把身体撑起来，从轮椅移坐到电动车前面的座位上，坐稳之后，电动车轻轻启动，缓缓地驶出房门。晓希跟在后面，回身关上门。扶着妈妈的轮椅沿着一条专门用水泥铺成的斜坡缓缓地驶出狭窄的楼道，然后爬上后面的座位坐好，母女俩驾驶这辆特殊的电动车，小心翼翼地向学校驶去。

出小巷，上大街，一路上慢慢地靠边行驶，避让着路边的车辆和行人。经过十分钟左右到达学校，晓希下车与妈妈告别，欢快地跑进学校。她已经不用低着头躲避同学们异样的目光，老师和同学都对她很友好。现在她是学校的小明星，得过很多奖，还多次上过电视。

目送女儿进了校门，赵亦静小心地调转车头，驶向附近的菜市场买些菜。卖菜的摊主都认识她，会热情地把菜送到她面前。周末的时候，她会带晓希来菜场，教她怎么挑菜，回到家一起做饭，洗衣服。晾衣竿太高，她就踩着凳子小心翼翼地一件件挂上去。

如果是星期二和星期四，她还要赶去公司开早会。回到家之后，她坐在轮椅上开始收拾起来。她爱美爱干净，即使身体不方便，也不能容忍家里很脏乱。

收拾完之后，赵亦静练了一会儿钢琴。晓希鼓励妈妈唱歌，她自己也喜欢唱歌。有时，娘俩就一起唱。她并不希望女儿能成个小歌星什么的，能有这个爱好就好。音乐让平淡的时光变得充实，给生活增添了不少乐趣，也饱含着对未来的憧憬。

之后，她翻了翻书，以及一些学习资料，完了就用微信和电话联系朋友和客户。很快就到了中午，她推着轮椅来到厨房，开始熟练地洗菜、切菜、开火、做饭……

在轮椅上坐了一上午的赵亦静非常疲惫了，骨盆因为承受全身的重量，开始隐隐作痛，必须上床休息一两个小时。

下午有时会有客户来访。客户和她交谈之后，基本上都会找她签单。很多人钦佩她的乐观坚强，他们又会给她介绍一些新的朋友和客户。

晚上八点，赵亦静再次跨上双人电动车，骑到女儿学校旁边的一个托管中心。晓希中午就在这里吃饭、午休，下午放学后又在这里写完作业，等着妈妈来接。

母女俩回到家里，一天平安。吃完饭，晓希会协助妈妈洗澡，有时还会帮妈妈洗衣服。因为手太小，只能洗内衣。收拾完后，两人会亲热地聊天，有说有笑，互相交流学校和客户的趣事。

忙碌而充实的一天过去了，赵亦静感觉身上非常酸痛。这时晓希会用小手给妈妈按摩。这可不是做做样子，要使劲按压骨盆周围，促进血液循环，让久坐的肌肉放松，避免坏死。晓希的小手还真练出了几分力气，按着按着，最后居然两个人都慢慢地睡着了。有时晓希跟妈妈开玩笑说："你可舒服死了，我可累死了！"

赵亦静觉得对不起孩子，自己因为行动不方便很少出去，也不放心她出去，晓希放学后总是待在家里，少了很多童年的快乐。别人家的孩子经常跟着父母出去玩，晓希除了亲戚家和学校，唯一去过的地方就是动物园。她也想出去玩，但是她不说，她知道妈妈不方便，说出来怕妈妈伤心。

因为情感上和生活上亏欠孩子太多，赵亦静只要能做到的，就尽量去弥补。逢年过节她都带晓希到附近的比萨店，自己在门口守着，让晓希自己进去吃，花30多块钱让她高兴半天。有一次晓希对前来采访的记者说："其实也不用吃比萨，只要妈妈好好的，就算过节了。"

晓希在妈妈身上付出了很多心血，自己的学习也不差。可能是照顾妈妈锻炼了她的表达能力，她在学校获得了"故事大王"一等奖。上一年级时，被评为历城区"孝心少年"，并被推荐参加全国孝心少年总决赛。

看着活蹦乱跳的晓希，赵亦静不但要活着，还要活得精彩，要成为女儿的坚强榜样。不管活多久，活到她成人就满足了！

三十七 南京大会，面对八千人的演讲

"身体残疾不可怕，可怕的是一个人精神上的残疾，大家争做一个精神不残疾的人吧！"

2014年底，济南安联保险举办圣诞嘉年华，赵亦静登台演唱，惊艳四座。她的精神、她的歌声、她的业绩，都成为舞台上最炫目的亮色。此后，赵亦静的演唱成了公司每年嘉年华的保留节目。

赵亦静进入安联时，许多人敬佩她的精神，欣赏她的歌声，但是对于她在保险业的发展，却抱着怀疑的态度。今天，她已经用自己的表现，征服了所有伙伴，得到大家的接纳和尊重。

她最要感激的人是杜海涛。是他把自己带进保险业，才有了她今天的成功，自己的每一步成长都有他的心血。

对杜海涛而言，保险真是一个锻炼人、改变人的地方，将一位默默无闻的士兵变成了率领团队冲锋陷阵的帅才，也让他站上了光彩照人的舞台，成为中国保险界知名的讲师，经常被各保险公司和培训机构邀请去授课、演讲。每次登上讲台，仿佛他积蓄了十几年的才华与激情全都释放出来，产生强大的磁场。

他这样概括自己的选择：当兵改变了我，寿险行业成就了我！当初，他在人们都不理解的情况下选择进入保险业。今天，当他辉煌的时候，他却想到，这是一个需要时间沉淀的行业。需要通过从业者的爱心和努力，让千家万户都拥有一份保障。

现在有很多公司想邀请赵亦静去做分享，大家认为她创造了中国保险业的一个奇迹。杜海涛鼓励她去更高的平台，让更多的人听到她的经历，感受她的精神。让几百万中国保险人认识到自己的职业价值，更要告诉亿万国人，应该尽早拥有保险。

赵亦静没有什么演讲技巧，也不会喊口号。杜海涛对她说，演讲不是要喊口号，真实才是最能打动人的，你实话实说自己怎么做的就行了。他鼓励赵亦静平时多学习，多听课，同时让公司的培训经理帮助她，提升演讲能力。

有一次，郑州的一家保险公司邀请杜海涛去讲课，杜海涛把赵亦静一起带去了。在讲课过程中，赵亦静分享了自己的经历，她说："为了让更多的人不像我一样追悔莫及，我加入了保险行业，第一份保险卖给了我的女儿。我有一颗真诚的爱心，我会努力，我会加油！"

最后，她演唱了《我相信》这首歌作为结束。台下响起了热烈的掌声，这时很多人跑过去找她合影。后来她才知道，原来很多人都在电视节目中见过她，所以跑过来跟"明星"合影。

就这样，赵亦静外出做分享越来越多，也积累了更多经验，开始为迈向更高的舞台积蓄能量。不久，中国保险界规模最大、最具影响力的交流平台——中国保险精英圆桌大会（CMF）邀请杜海涛和赵亦静一起去演讲。

2016 年 7 月中旬，第十三届中国保险精英圆桌大会在南京举行。本届大会以"整合营销新趋势"为主题，吸引了海内外的八千多名保险精英参与。这个中国规格最高、影响最广的保险业盛会为期三天，除了云集全国顶级保险精英演讲、分享，也邀请到一批社会名流前来演讲，有"打工皇帝"唐骏、江苏卫视《非诚勿扰》明星嘉宾黄菡，等等。然而在这次大会上，给与会人员留下印象最深的，却是林萍、侯斌、赵亦静三个名字！

林萍是来自太平洋保险的营销经理，她将自己一半的肝脏捐给了一个毫无血缘关系的小女孩，延续了小女孩的生命，体现了保险人的大爱精神。她的事迹感动了全国人民，更是数百万保险人的典范，中国保险行业协会授予她"最美保险人"称号。她还被评为全国劳动模范、全国三八红旗手。

侯斌是一位高大帅气的东北小伙子，九岁的时候被火车轧断了一条腿，备受生活的磨难，后来成为残疾运动员，蝉联三届残奥会跳高冠军。他最辉煌的时刻是担任 2008 年北京残奥会主火炬手，后来又担任了 2022 年北京冬奥会申办大使，并且发起成立资助下肢残疾人士的公益组织。他的演讲激励了现场无数保险人。

而赵亦静，则像是侯斌和林萍的跨界，既是一位自强不息的残疾人，也是一名优秀的保险人。

7 月 17 日上午，金陵会议中心中华厅。杜海涛推着赵亦静，走上万众瞩目的讲台。台下有来自国内各大保险公司及港澳台地区的八千多名保险精英。赵亦静坐在轮椅上，讲着自己的经历和对生命、对保险的理解。她说："身体残疾不可怕，可怕的是一个人精神上的残疾，大家争做一个精神不残疾的人吧！"

台下许多人在拭着眼泪，许多人举着手机在拍照，许多人在鼓掌。这一刻，赵亦静登上了中国保险人的最高讲台，不是因为她的残疾，而是因为她的付出和成功。

南京的演讲，让赵亦静在中国保险界成为一颗明星。有媒体用"中国保险界励志女神"来形容她，她既是最生动的保险案例，也是一个成功的励志典范！

第九章 绿叶深情

三十八 梦幻舞台，拐杖托举的天使

　　自己的生命都是捡回来的，何必在意这些得失？作为一个需要别人帮助的人，现在也能通过公益去帮助别人，她感到特别满足。

　　进入保险行业后，赵亦静并没有停止演唱，因为她热爱唱歌，她的人生轨迹也是因为追求唱歌而改变的。但是，经常性的排练和演出，对她的身体是一个极大的考验，还会影响到保险业绩。毕竟现在保险才是她的工作，也是她生活的来源和今后的保障。这两个她都不能丢，只能尽力去平衡。

　　2016 年，她参加了济南市首届残疾人好声音比赛，以一首《天之大》夺得冠军。接着，参加全省残疾人广播电视歌舞大赛。复赛时她以明显优势领先于第二名，决赛时她的表现依然很完美，最终以微弱差距屈居亚军。很多人都为她鸣不平，吴团长安慰她说："重要的是参与，拿不拿冠军不重要。"

吴团长的安慰和鼓励，给了赵亦静力量。自己的生命都是捡回来的，何必在意这些得失？尽情地追求唱歌的快乐就好了。赵亦静的歌越唱越响亮，荣誉也一个个随之而来，她的笑容也越来越多，同时也肩负了更大的责任。

在吴哲等一批有识之士的推动下，济南市残疾人文艺发展得有声有色，还专门成立了济南市残疾人文学艺术联合会，经常组织各种文化助残活动。因为赵亦静的突出表现和影响力，相继担任了历城区残疾人联合会主席、济南市残疾人文联副主席。

除了政府、残联组织的一些演出，她还经常参加一些公益活动。很多学校邀请她去演讲，鼓励学子们立志成才；监狱请她去进行帮教活动，鼓励服刑人员树立生活的信心，积极改造。所到之处，她就像一位美丽的天使降临，感动和感化了很多人。

她曾经以为，做公益就是像别人来她家一样，打扫卫生什么的；她曾经以为，演讲是大人物才能干的事。而现在，她这样一个需要别人帮助的人，也能通过公益去帮助别人。她感到特别满足，特别有成就感，也进一步看淡了得失。

2017 年夏天，第九届全国残疾人艺术汇演（东部片区）由济南承办。作为东道主，如何展现济南残疾人的风采，吴哲团长苦苦地构思，一直找不到突破口。

有一天，他和诗人桑恒昌一起吃饭。两人谈到赵亦静，桑老师又兴致盎然地朗诵起那首《长天让开一条路》。吴哲一听，马上来了灵感：命运给了她一次重伤，又给了她一双拐杖。拐杖生根了，扎进血肉中，慢慢长成硕大的翅膀。于是，长天给你让路了，让你飞翔。

回来后，吴团长编排了一个舞蹈，名字就叫《长天让开一条路》。这个舞蹈表现一个轮椅上的美丽女性在沉思，有一个梦的灵魂在轮椅后面出现，她反复去抓没抓住，就情不自禁跟着这个梦的灵魂跑了，最后被远远地滑出去了。这个梦的灵魂是由一个聋哑人滑着旱冰演绎的，他往哪飞女主角就往哪追。然后他俩共同起舞，最后睡着了。醒来以后，她发现自己没有腿，想飞飞不起来，于是开始狂躁，这时候更多梦的灵魂出现了，就是20多个演员，他们用拐杖叠成了一对对翅膀，最后两名男演员在拐杖中间将女主角从地平线上托起，通过声、光、电最后达到了"我要飞翔"的艺术效果。

这个节目除了舞蹈本身，还加上了手语、诗歌等表现形式，配合轮椅、拐杖等道具，创意很独到。省残联领导看到十分赞赏，夸吴团长不愧是残疾人文艺的老行家。

创意虽好，表演起来可不容易。提纲女主角的，自然是赵亦静。

排练的过程异常艰难，这对于赵亦静来说是个异常严酷的考验。她坐的轮椅是根据她的身材特制的，既要能旋转，人又不能掉下去。但是在实际排练过程中，赵亦静多次摔倒，每次她都笑笑说没事。难度最大的是结束时的托举动作，无论是托举的演员，还是赵亦静都需要很好地掌握平衡，稍有晃动就可能掉下来。即使是健全人也极难把握。一遍又一遍的排练，赵亦静从未缺席。虽然被折磨得死去活来，但是她一直强忍着，这时候她感觉身下的拐杖，就是一双双举着的手——吴团长的手，李群的手，杜海涛的手，家人的手，还有晓希那稚嫩而又有力的手，她有了力量。

宝剑锋从磨砺出，梅花香自苦寒来。经过无数次的排练，这群特殊演员付出了常人难以想象的努力，把每一个动作都练得十分娴熟。最后演出大放异彩，感动了无数观众，获得了济南市残疾人艺术汇演一等奖！

第九章　绿叶深情

三十九　险峰绝顶，无限风光

"生活给了我们有限的可能，但我相信我们可以通过努力去创造无限的可能！"

南京 CMF 大会之后，很多保险同行都认识了赵亦静，把她视为中国保险营销员的一个精神符号，纷纷邀请她去讲课。有些城市太远，赵亦静太辛苦，本不想去，但是面对主办方的诚意，她又不好拒绝。近到青岛、石家庄，远到哈尔滨、乌鲁木齐，她用她的精神去激励保险人，也用她的遭遇去启迪大众。

2017 年 8 月，中国保险精英圆桌大会在南昌举办峰会。大会再次邀请杜海涛和赵亦静作为演讲嘉宾。

军人出身的杜海涛，对于南昌这个军旗升起的地方，以及井冈山这片中国革命的圣地，有着强烈的向往。演讲结束后，几位当地的同行，陪同他们从南昌到了井冈山。

赵亦静对井冈山也是神往已久，但是她怕增加别人的负担。大家开玩笑说："赵老师你放心，我们今天轮流着把你抬上去。"

一路上，杜海涛心中有一种朝圣的感觉。最为触动他的是随处可见的"星星之火，可以燎原"八个红色毛体大字。他联想到当前的中国保险业，正处在大发展阶段，其形势恰好可以用这八个字来形容。

最近两三年，中国保险营销员居然增加了一倍，但同时也淘汰了数百万，可谓大浪淘沙。他又在想，这是一个需要时间沉淀的行业。

行走在弯弯曲曲的道路上，他们感慨井冈山真是一个好地方，既可以随处触摸到历史的足迹，又可以欣赏雄奇而美丽的自然风光。赵亦静在大家的陪同下，一路兴致高昂，仿佛也忘记了辛苦和疼痛。

最后一行人来到黄洋界，那是井冈山的一个制高点，山下就是著名的红军挑粮小道。极目远眺，山峰与云海交织出无比壮美的图景，犹如人间仙境。当年，红军曾以此为据点，多次打退敌人的进攻，当时的毛委员欣然写下"黄洋界上炮声隆，报道敌军宵遁"。后来毛主席重回井冈山，又在此写下"过了黄洋界，险处不须看"的著名诗句。

真是无限风光在险峰，伫立于此，赵亦静感慨万千，她感叹革命前辈"山下旌旗在望，山头鼓角相闻"的峥嵘岁月，也想起陈洲曾经给她讲过登上泰山时那种"会当凌绝顶，一览众山小"的豪情，想起侯斌撑着拐杖行走沙漠的坚毅……她对自己说，我要跟着陈洲，跟着侯斌一起向前走。

她曾经很不幸，遭遇飞来横祸；她又特别幸运，总遇到好人。家人、朋友，李群、吕哥、老曲……当然还有吴团长、桑老、杨老、海涛总！亲人们用无私的关爱让她坚强地活下来，李群他们帮自己渡过了最初的难关，吴团长让自己从精神上站立起来，没有杜海涛把自己带到保险业，就没有今天的成功，也很难保证今后的幸福。

作为一个行动不便的单亲母亲，加入保险业时间比较灵活，工作生活两不误，她更多了一份自信和成就感。今天，她从一个需要帮助的人，变成了爱的使者，将一张张保单，像福音书一样送到别人手中，去帮助别人化解风险，让家庭多一份幸福。

她从一张白纸开始，绘出五彩缤纷的人生，仅仅两年多时间做到了资深业务经理。这背后，凝结着团队伙伴无数的心血。很多时候，或是因为身体的原因，或者有演出，都是团队伙伴帮她去沟通、签单。有一次，一位经理冒着大雪去给她签回执，让她感动得无以言表。

她觉得，有时候，上天没有给你想要的，不是因为你不配，而是你值得拥有更好的。有这么多朋友陪同，这么多亲人关爱，得到这么多人的帮助和支持，还有什么过不去的坎、上不了的山？再高的险峰，也要把它踩在轮椅下！

此刻，她觉得自己已经站起来了，站立在井冈山之巅，站立在保险之峰，她就是在险峰上送给他人幸福的天使！

她定当以全部的爱和热情去回报社会、回报生活。现在，她的生命更厚实，也肩负了更多的责任。她与"我的兄弟姐妹艺术团"成员，用艺术特殊的形式，为残疾人兄弟姐妹加油鼓劲，

险峰上的天使

轮椅保险员赵亦静的壮美人生

激励这个弱势群体成为生活的强者，走出属于自己的一片天地。她对残疾人兄弟姐妹说："健全人能做的事，我们只要肯努力，也一定行！"

后来，她又加入了华夏山里红艺术团，参加各种公益活动。在做公益的过程中，她重新赢得了自己的爱情。她的精神世界和物质条件都越来越富有。后来又买了一套房子，居然与之前卖掉的那套房子一样，也是 117 平方米。或者这一切都是命运早已安排好的轮回，只等她到达那个里程。这是一次痛苦而又美丽的凤凰涅槃！

赵亦静成为许多残疾人的榜样，也感动了许多人，她被选为 2018 年度励志妈妈。有导演被她感动，要把她的事迹搬上银幕，去激励更多的人。

作为轮椅上的歌者，赵亦静觉得一切都很公平，付出就会有回报。所以她每天都要用积极的态度去工作、去生活。她在不断地进行自我挑战和自己完善。为了出行方便，避免麻烦别人，她去考残疾人专用驾驶证，经过几个月的学习和艰难训练，终于顺利地拿到驾照，再次开上了属于自己的车。她的世界更大了，脚步更快了。她甚至用半截身子，和好友乐呵呵地比赛做俯卧撑。

她不但要做一个有力量的人，还要成为一个有内涵的人。她和同学家人一起去踏青，去参加跨年诗会，还报名参加由央视著名主持人董卿发起的《朗读者》训练营，每天训练 10 分钟的诵读。

2018 年夏天，她终于完成了一个埋藏了七八年的心愿——

带着女儿去做远途旅行，来到了山东海阳。终于看到了蔚蓝的大海，晓希兴奋得像一只海鸟在沙滩上尖叫，又蹦又跳。这一刻，这对相依为命历经苦难的母女，是世界上最亲密、最幸福的人！

这一刻，赵亦静觉得，"生活给了我们有限的可能，但我相信我们可以去创造无限的可能！"

险峰上的天使

轮椅保险员赵亦静的壮美人生

后　记

　　作为一位保险业媒体人，这些年，我写过中国保险皇后，写过最卓越的保险团队，接触到众多的保险人，听他们许多传奇而动人的故事。经常为他们的经历和不懈追求所感染。然而，当我接触到赵亦静，仍然深深地被她打动了。

　　当下中国保险人是一个比较特殊的群体，而赵亦静显然又是一个特殊的存在。在写作的过程中，我经常切换她的身份：企业主、歌手、保险人、演讲者、公益人士……这些称呼或许并非她刻意想要的，然而都被命运将它们集中在她身上了。

　　生活的变故让她失去了很多的精彩，同时也给了她额外的收获。失去双腿后，她圆了儿时的舞台梦，也激励很多人更加乐观坚强，并且通过一张张保单让更多的人防范着未知的风险。但是这些并不是命运的眷顾，而是她不断追求努力的结果。

　　活着其实是一件很简单的事，也是一件最难的事，区别就在于你要怎么活着。作为一个从死亡线上逃出来的人，赵亦静用她的经历告诉我们，既然活着，就要活得精彩。为此，她克服常人难以想象的困难，将一座座险峰踩在脚下，成为生命的强者。

在写作的过程中，一次次为她的经历所震撼，为她的遭遇泪洒纸笺。我深知无论文字如何描述，相比实际生活中每一天所要面对的困难和痛楚，都是无力的。唯愿她的这些故事，让我们更加笑对生活，珍惜拥有；同时也通过她和她身边的人，让我们感受到更多人性的光辉。故事还在继续，让我们相信她的未来一定会更加精彩！

李　墨

2018 年 12 月

险峰上的天使

轮椅保险员赵亦静的壮美人生